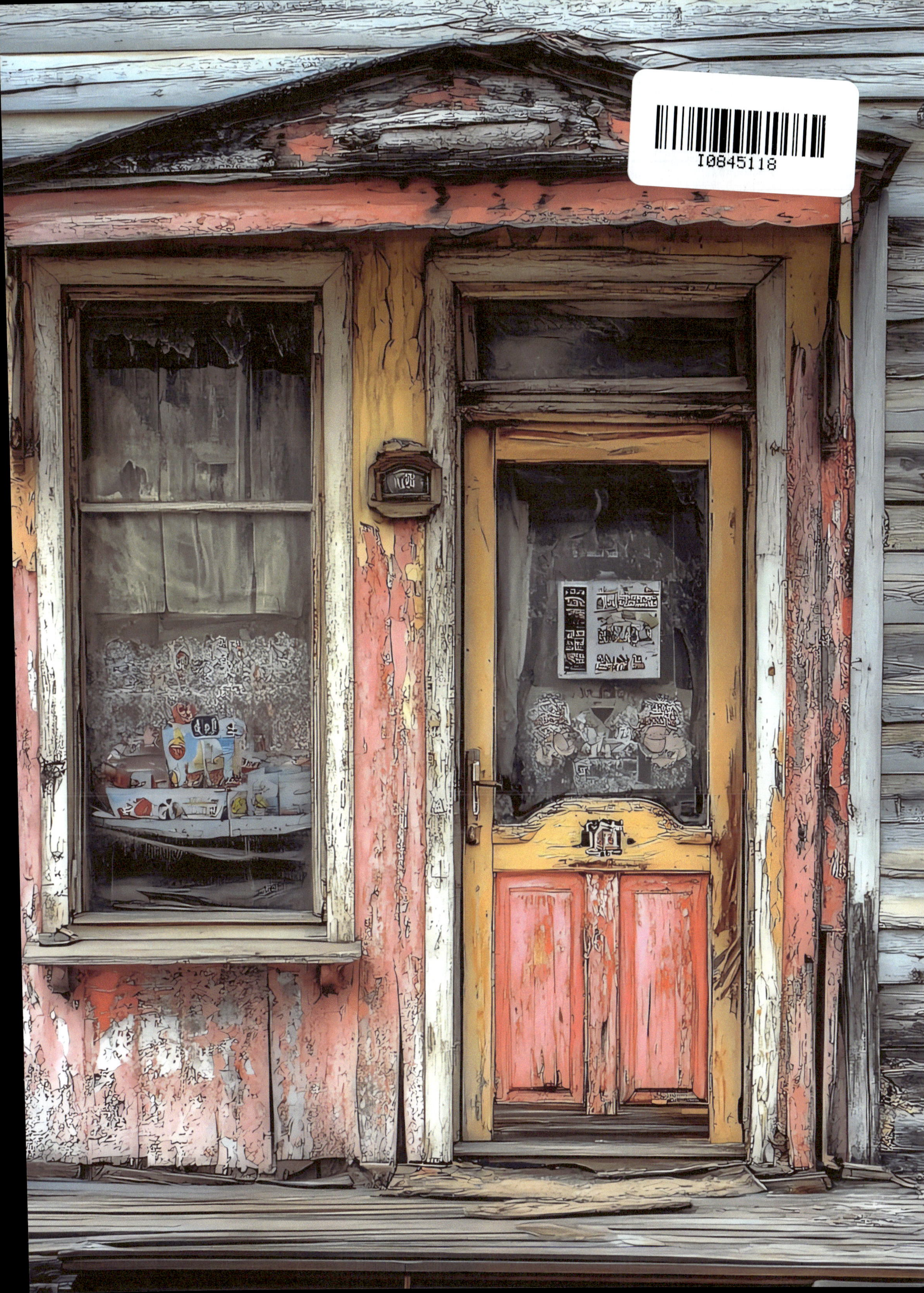

I0845118

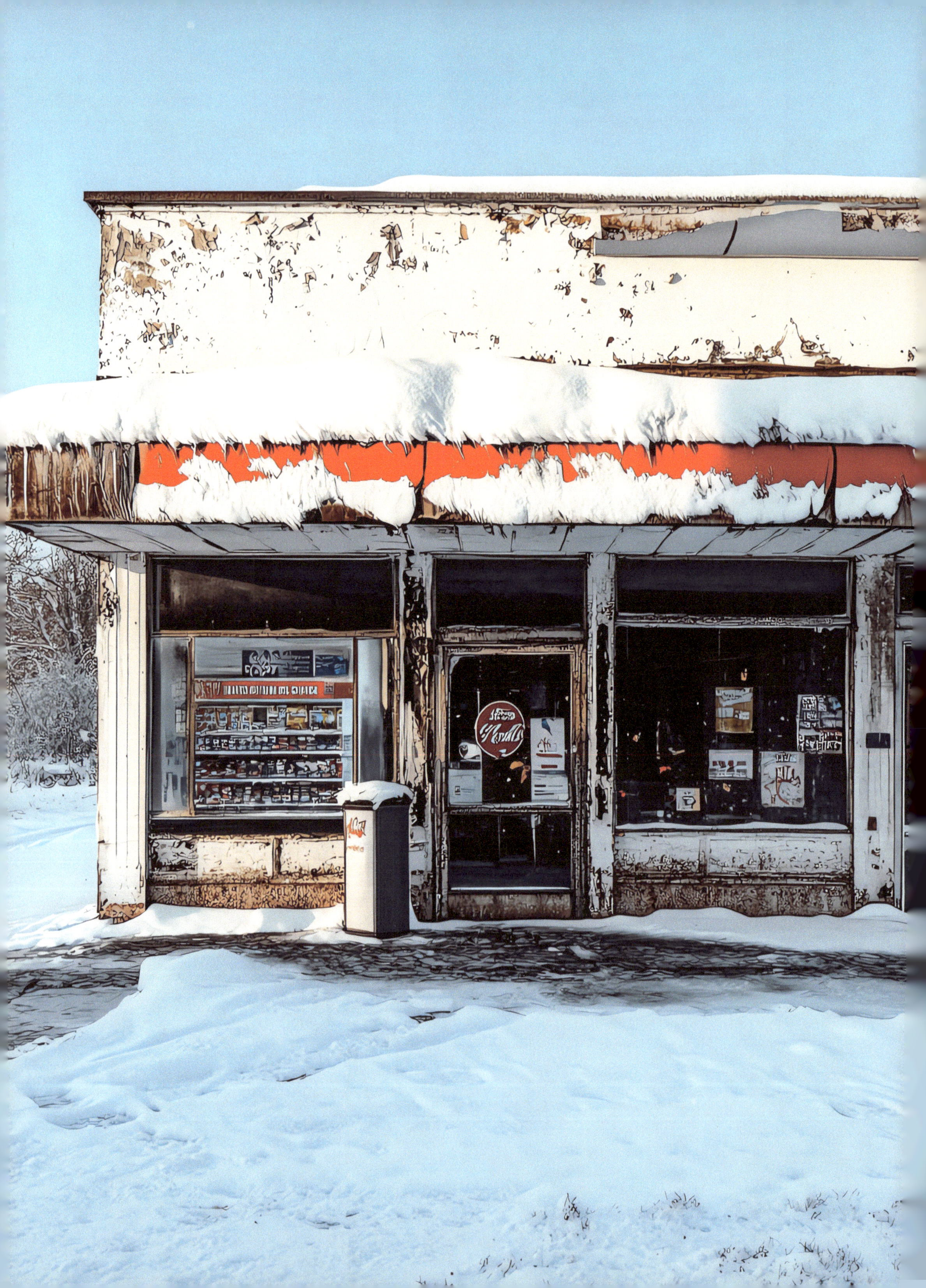

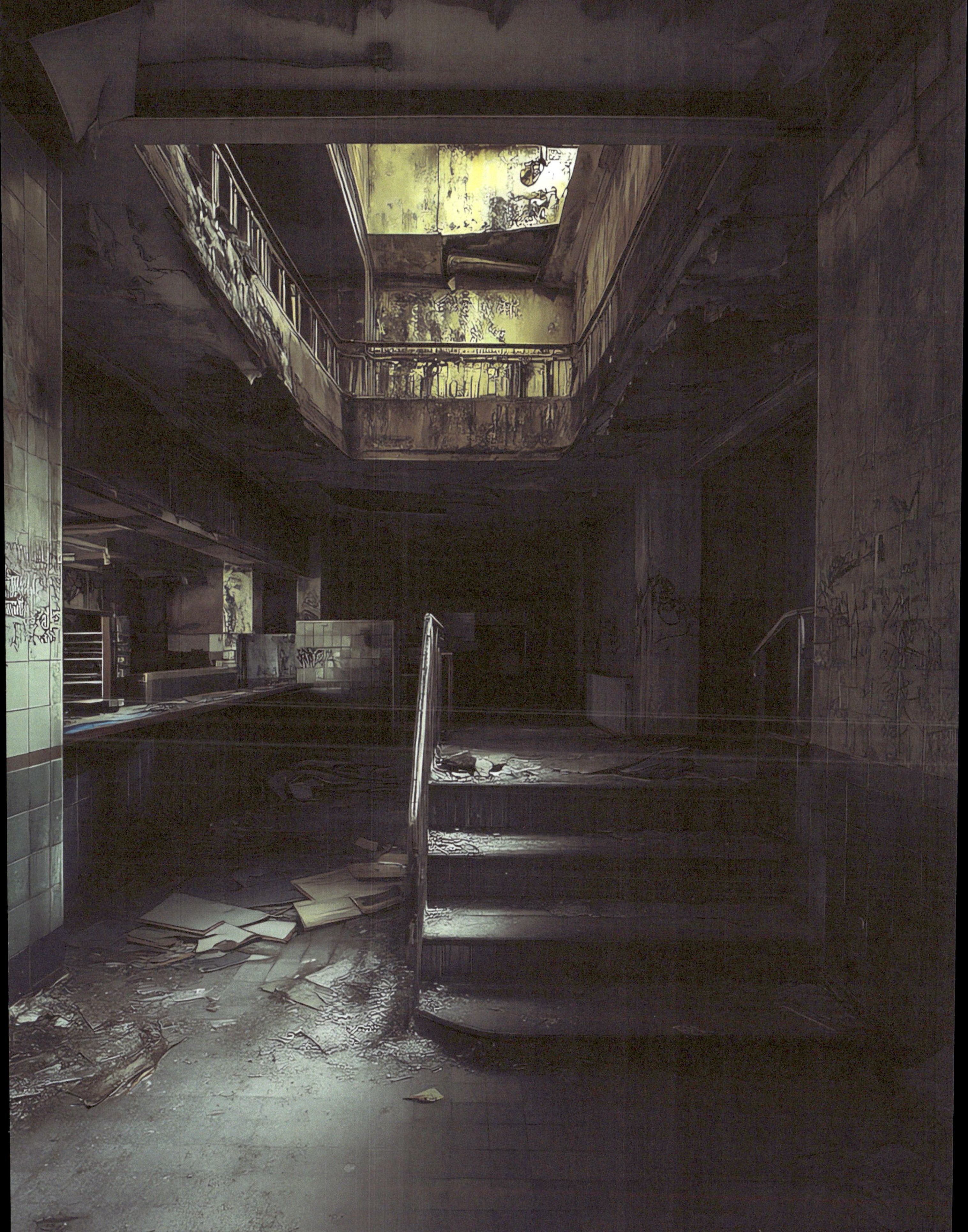

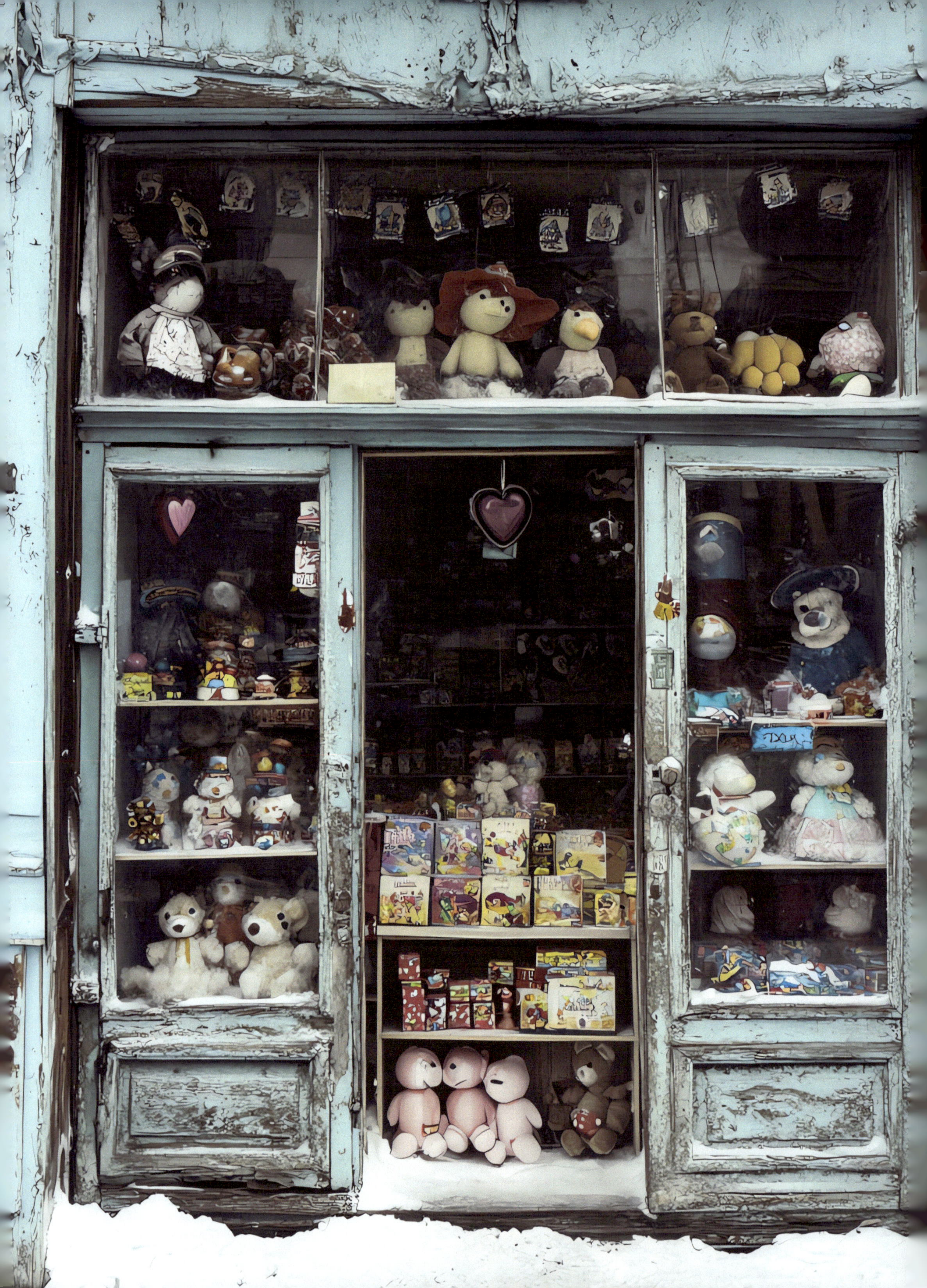

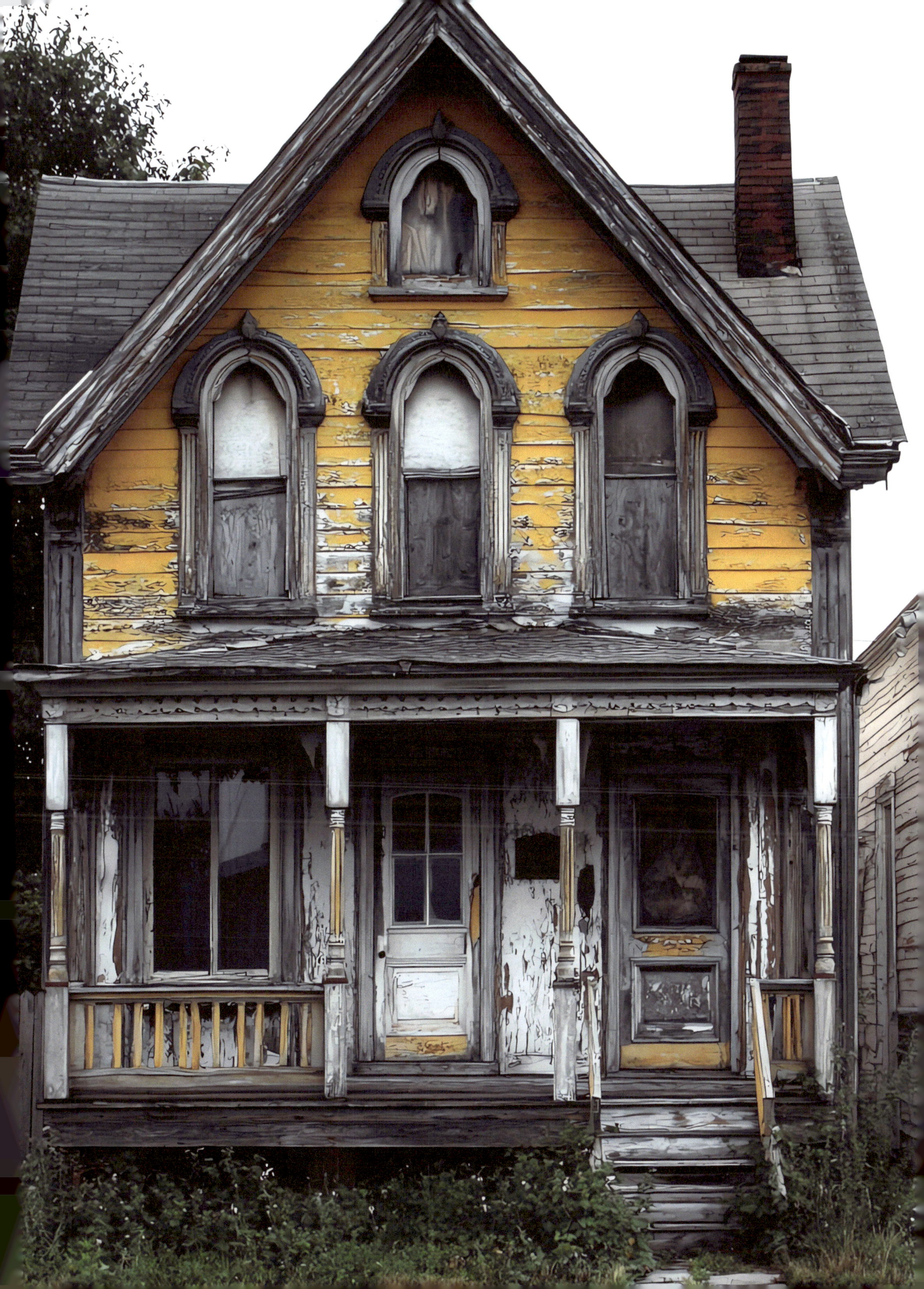

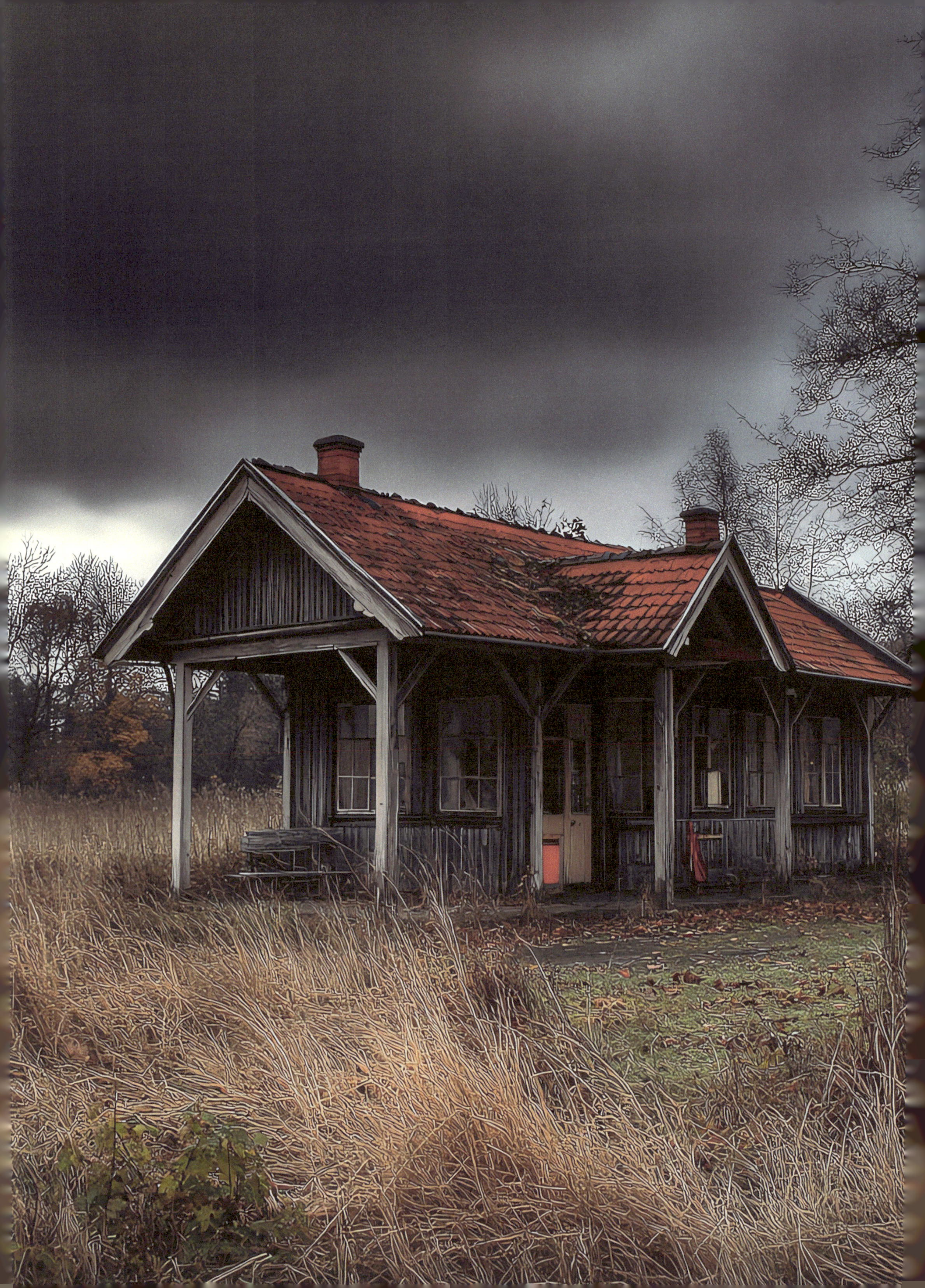

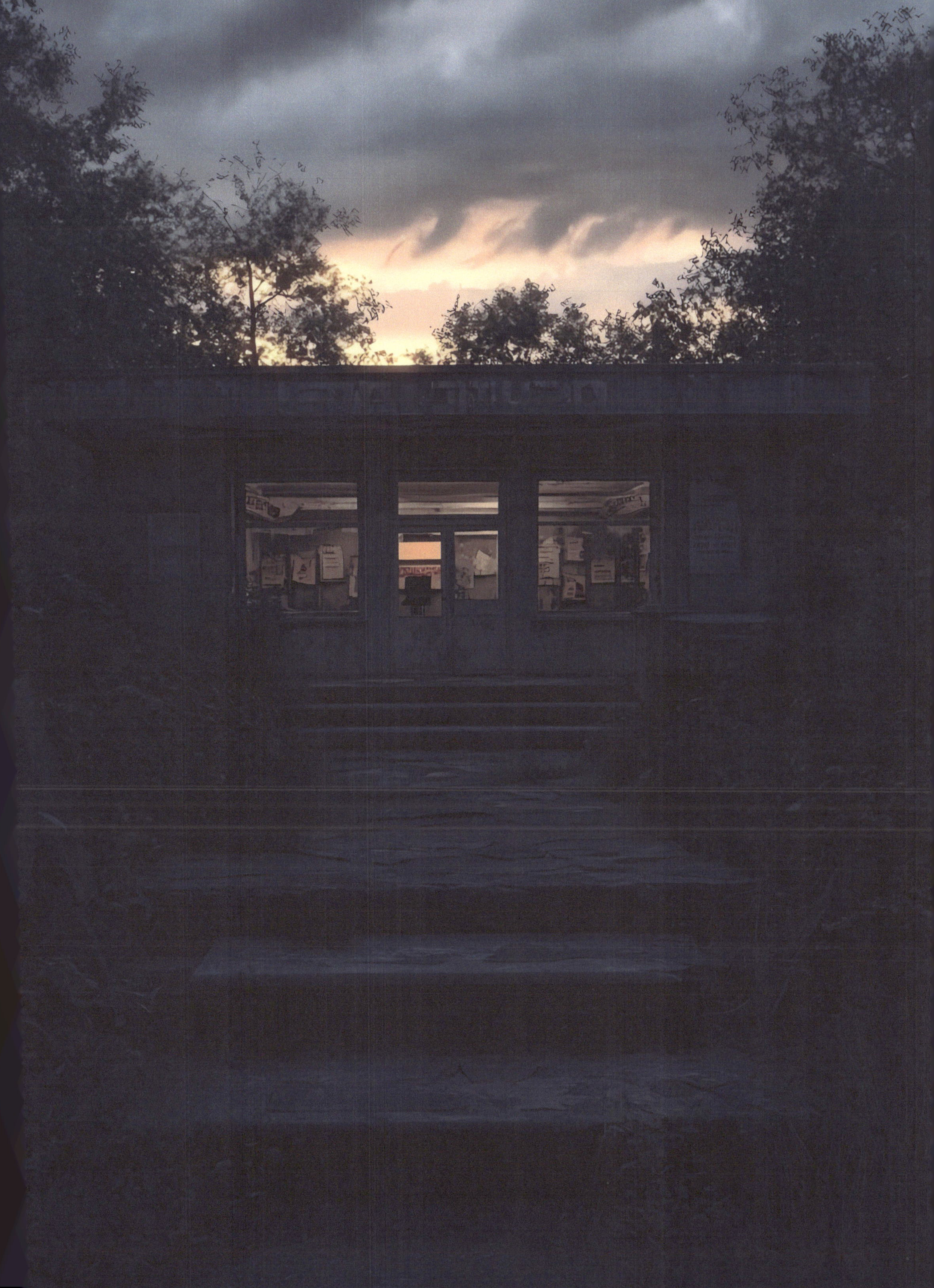

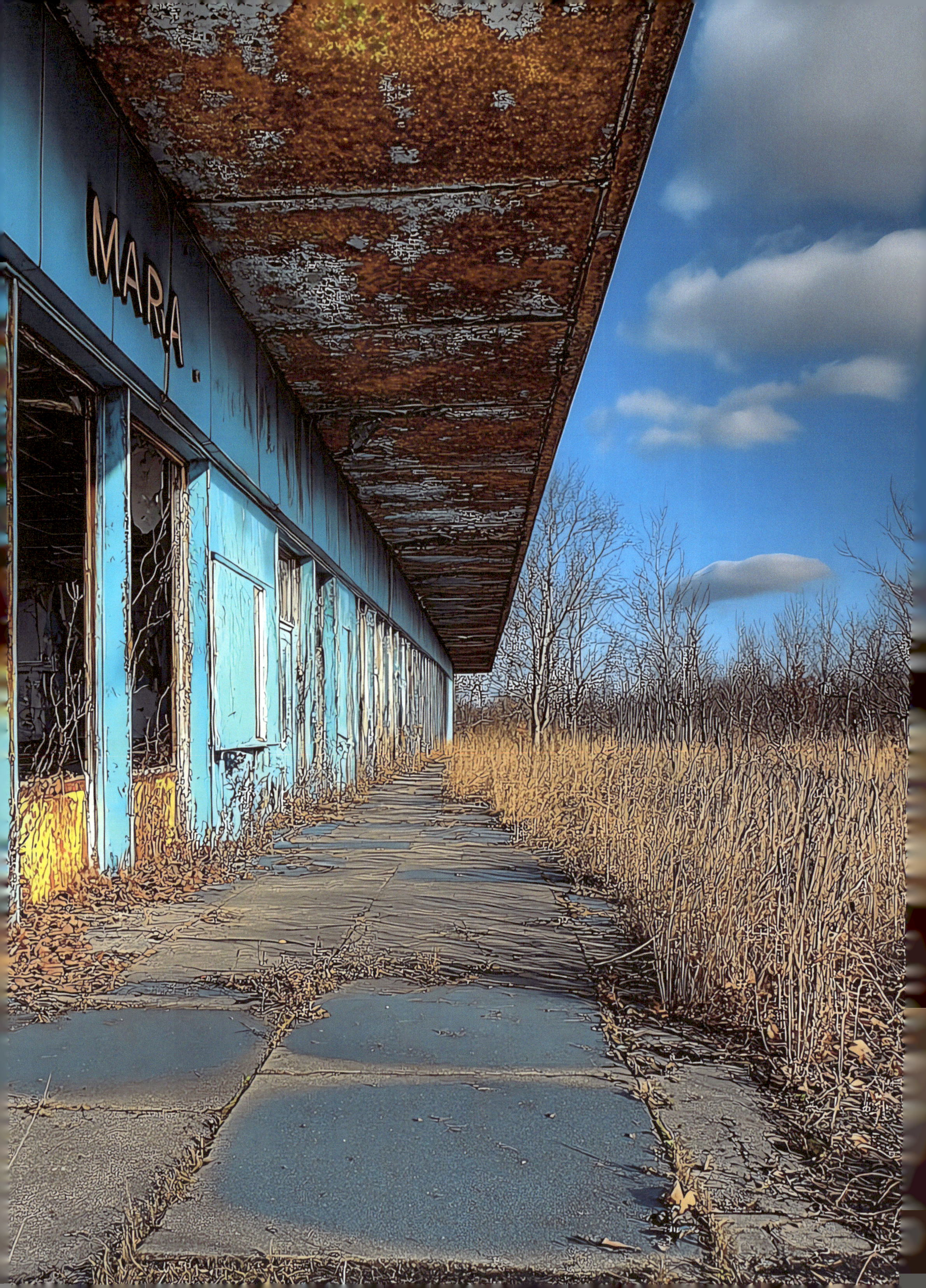

MARA

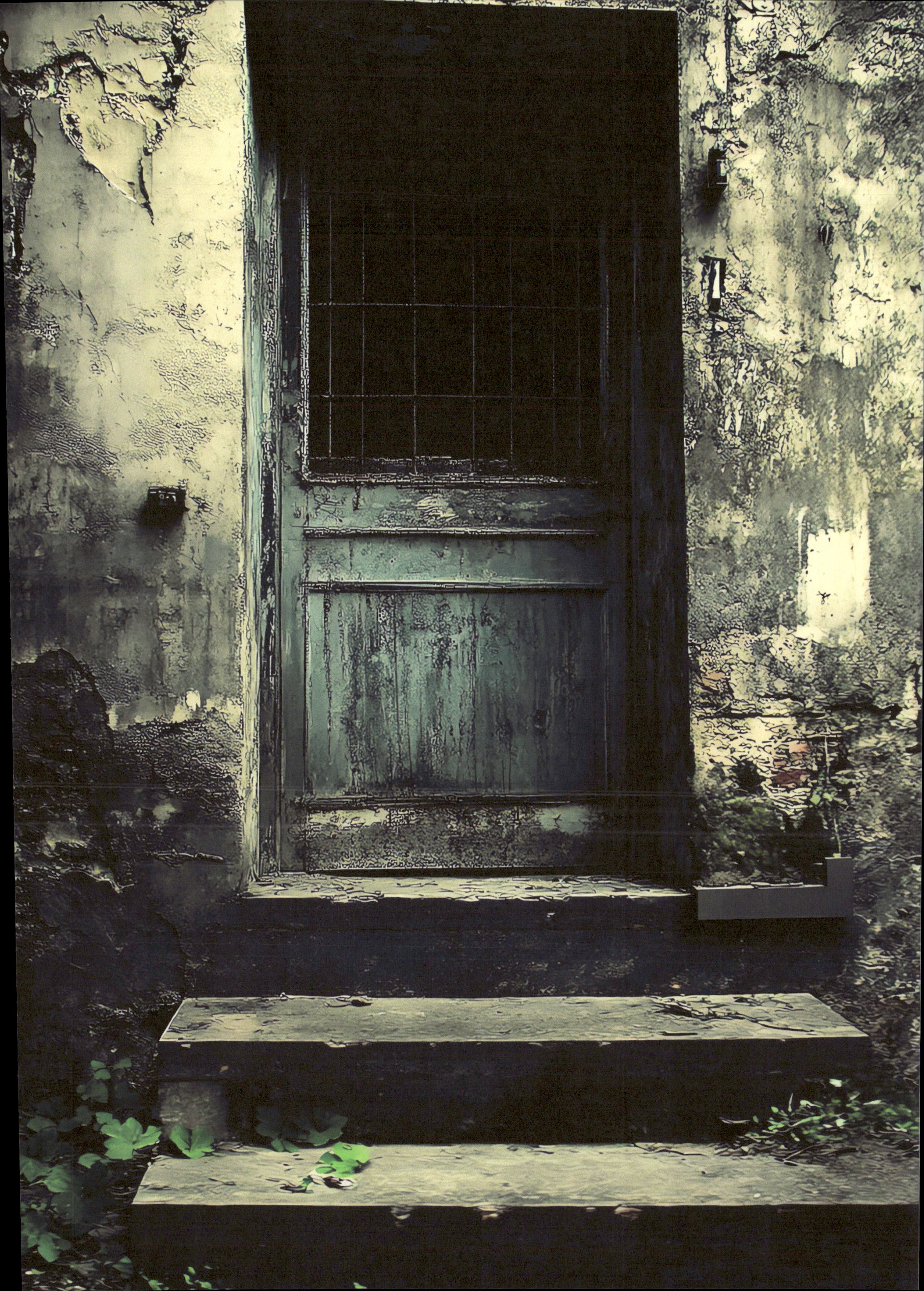

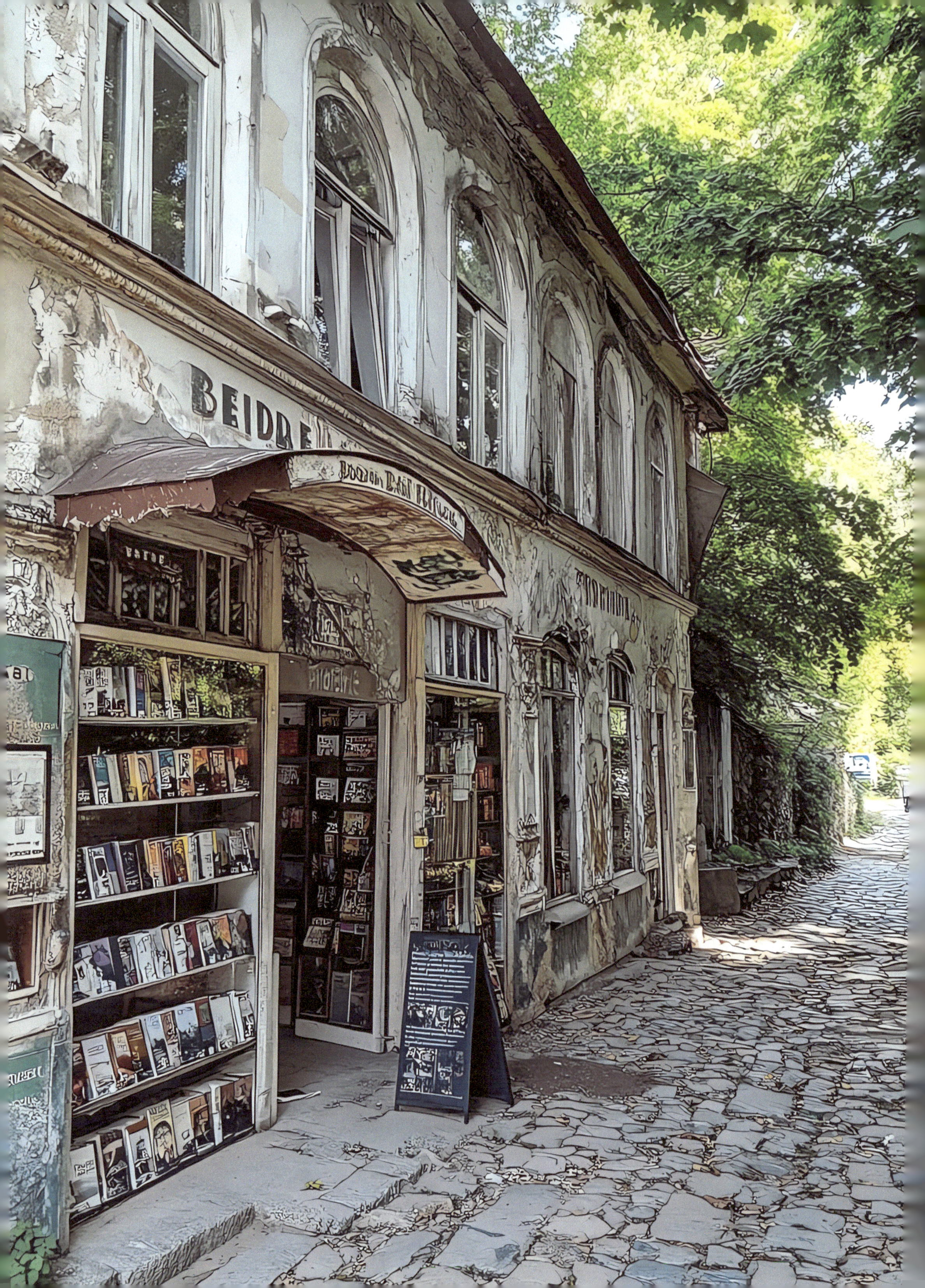

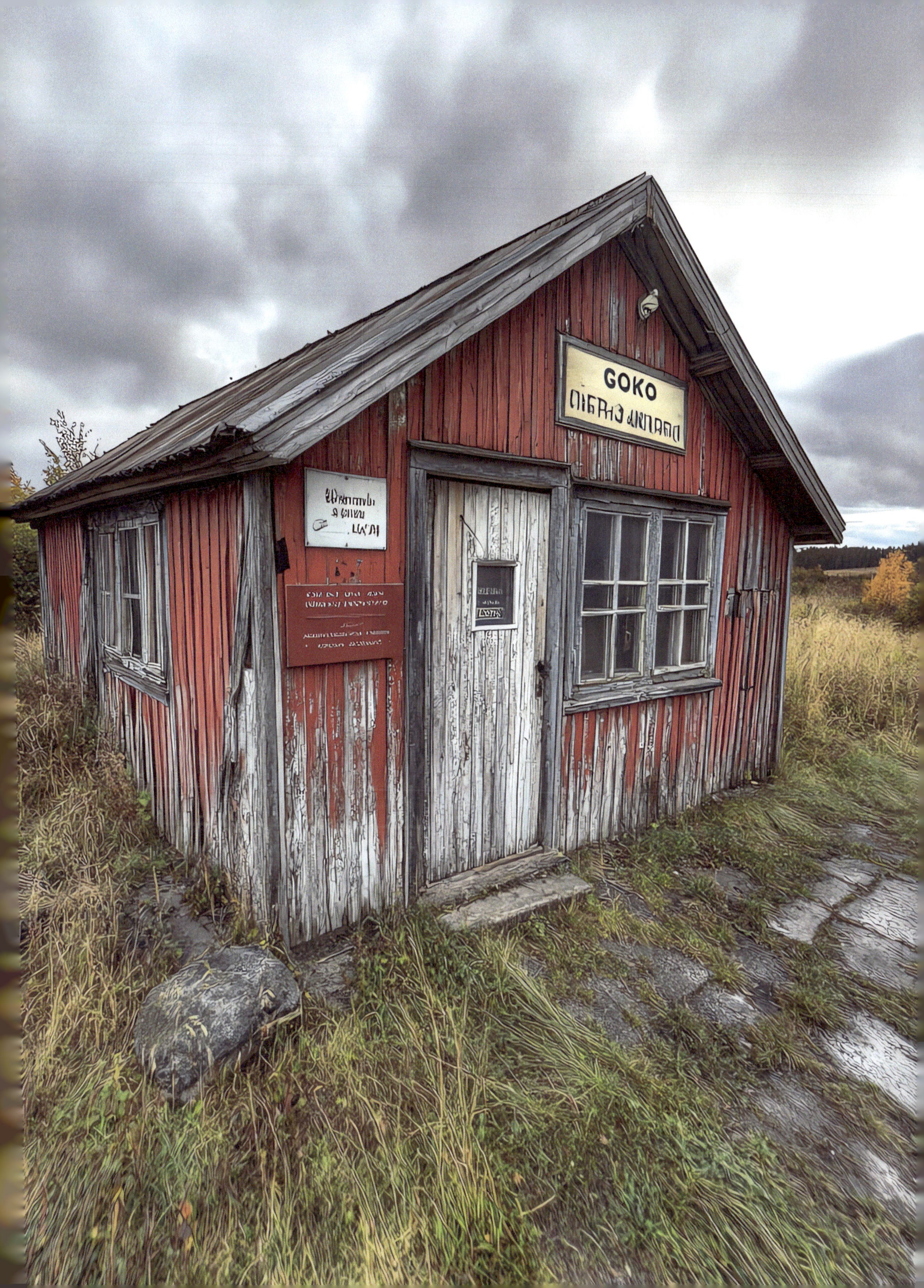
GOKO

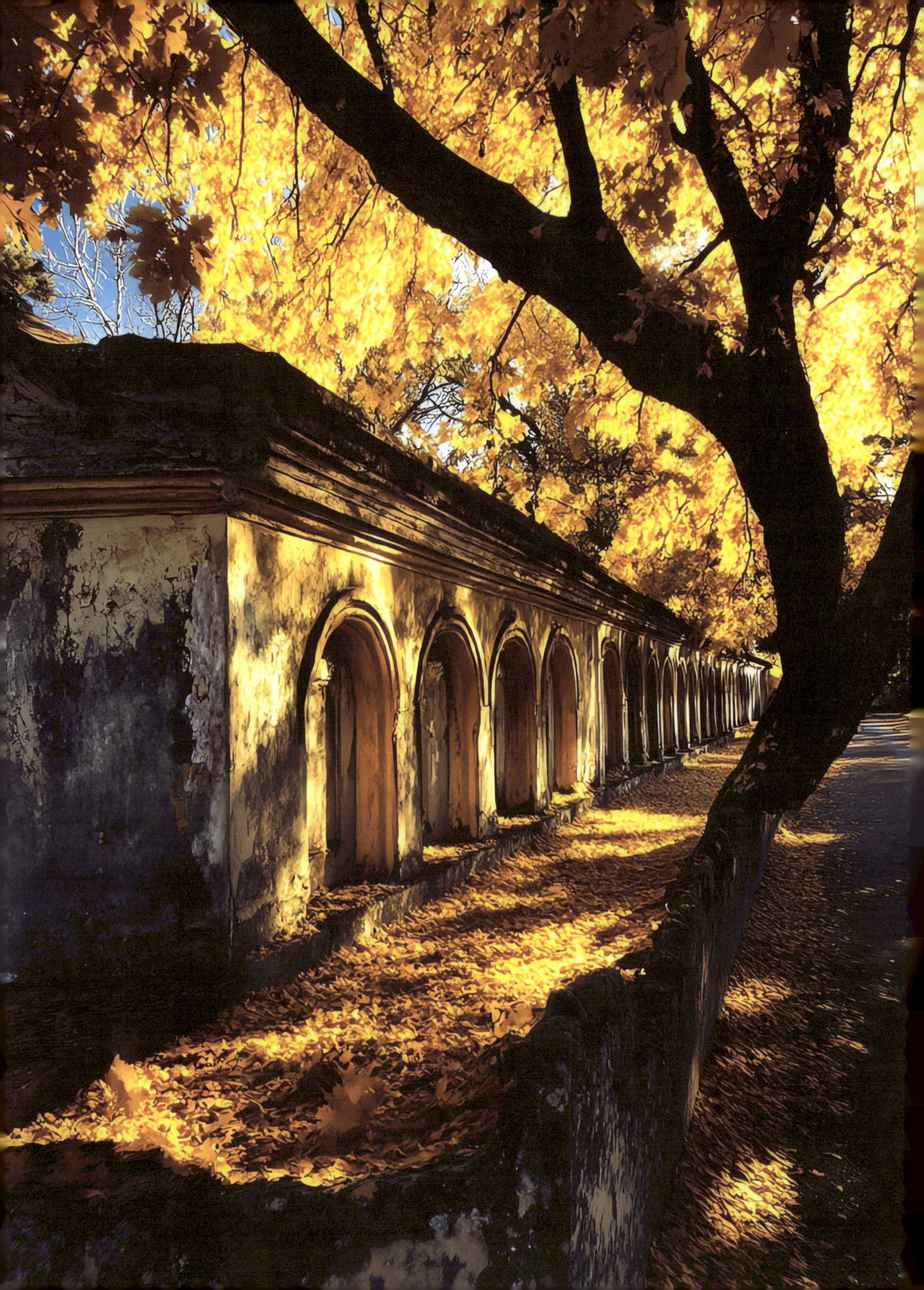

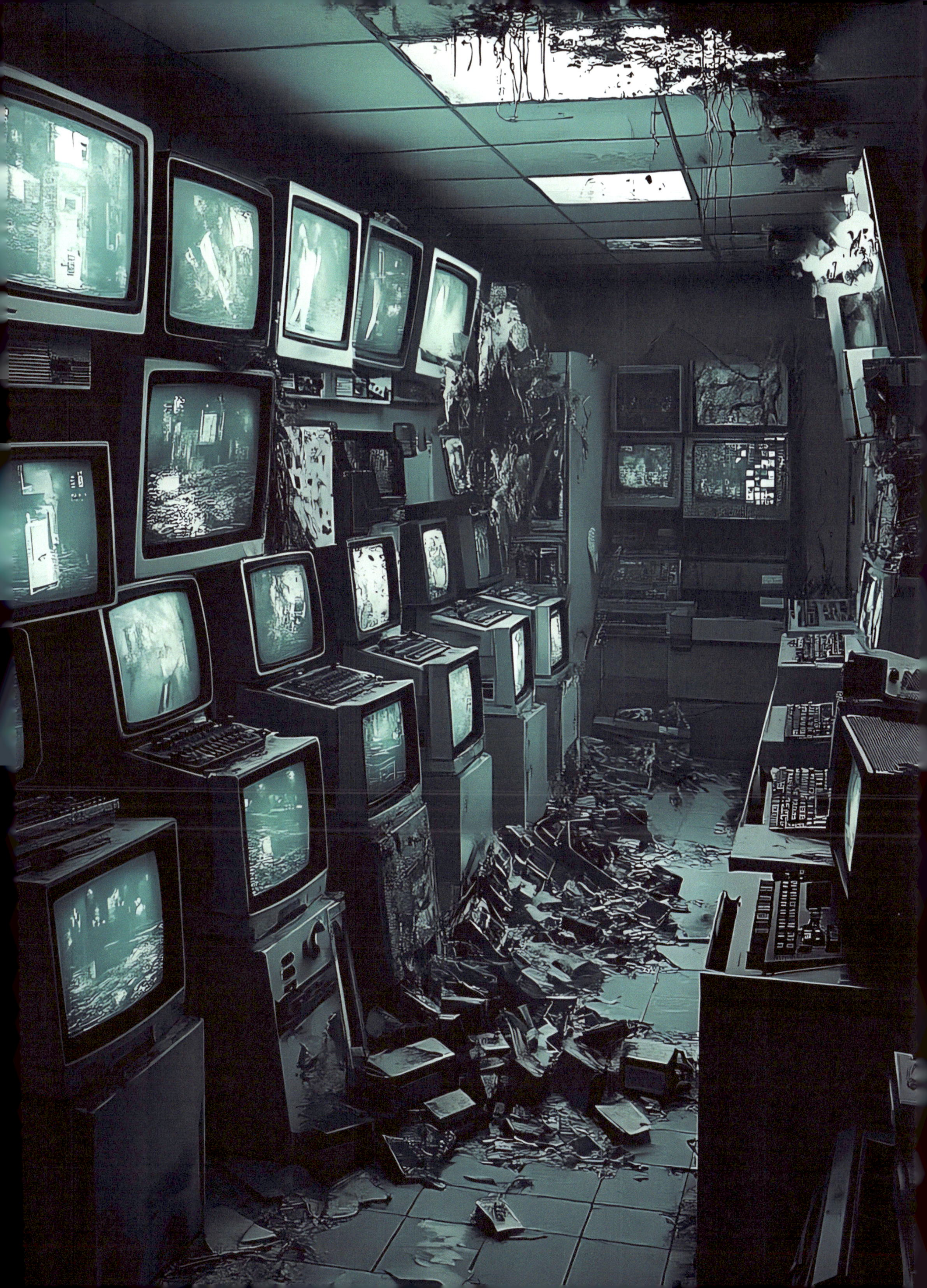

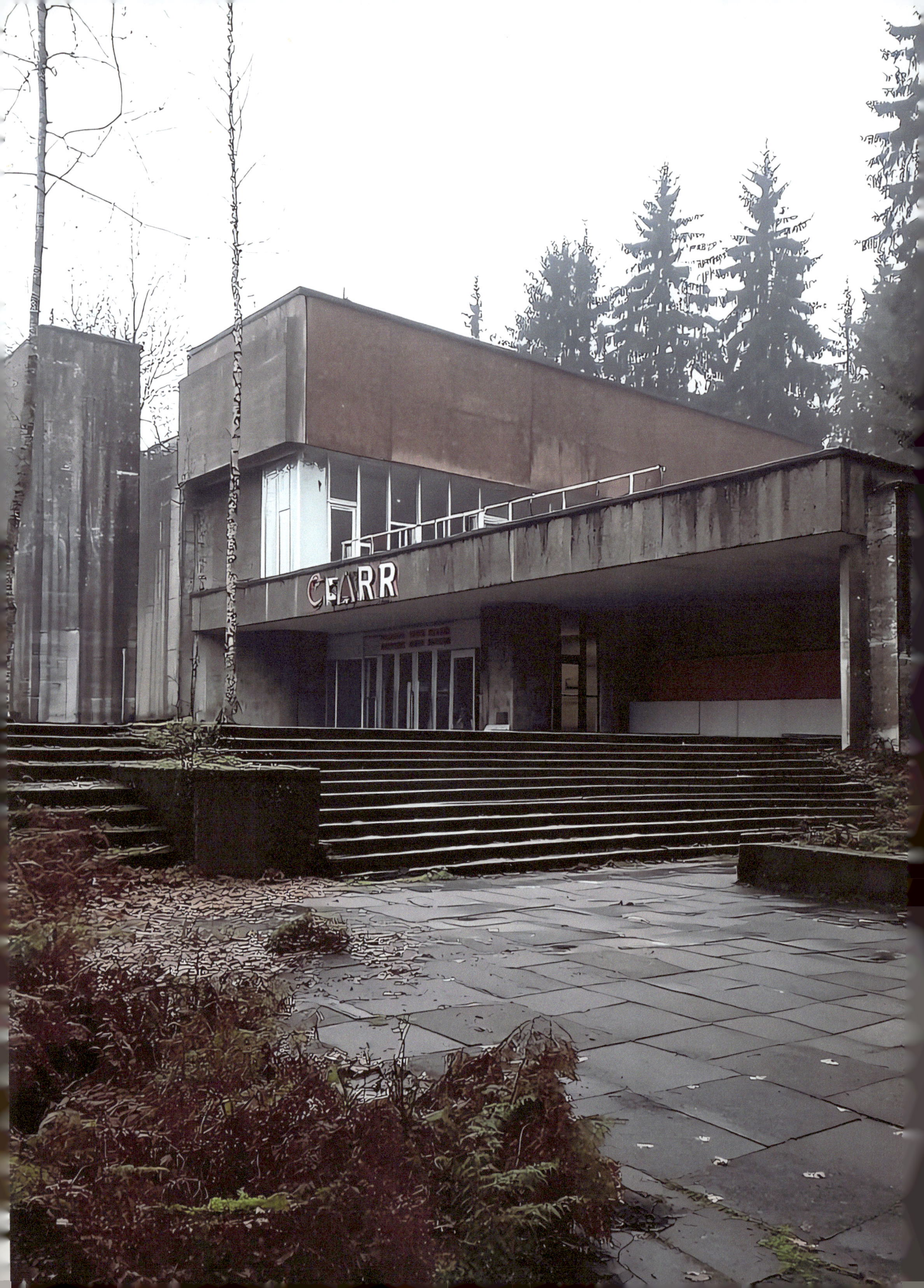
ЭФИР

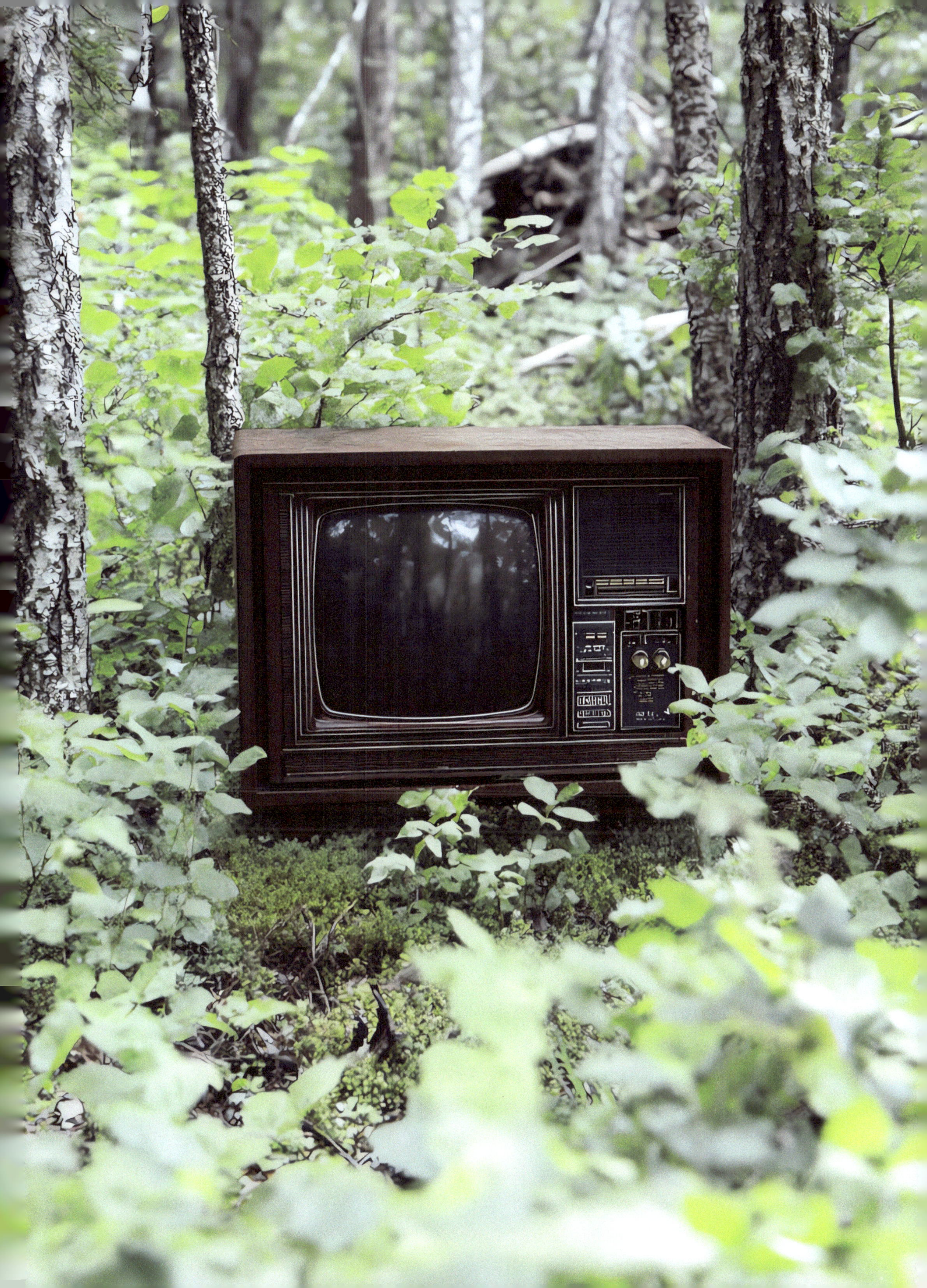

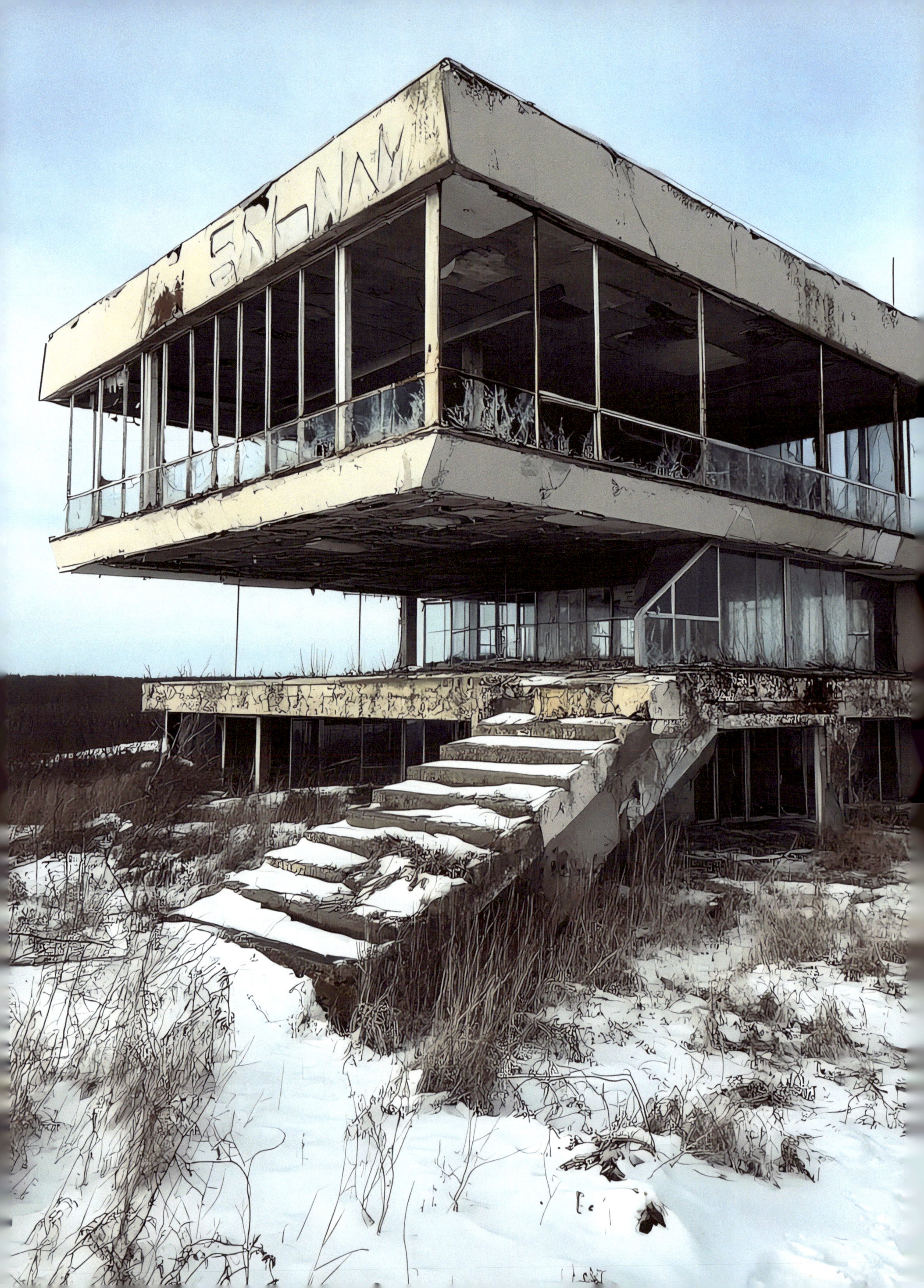

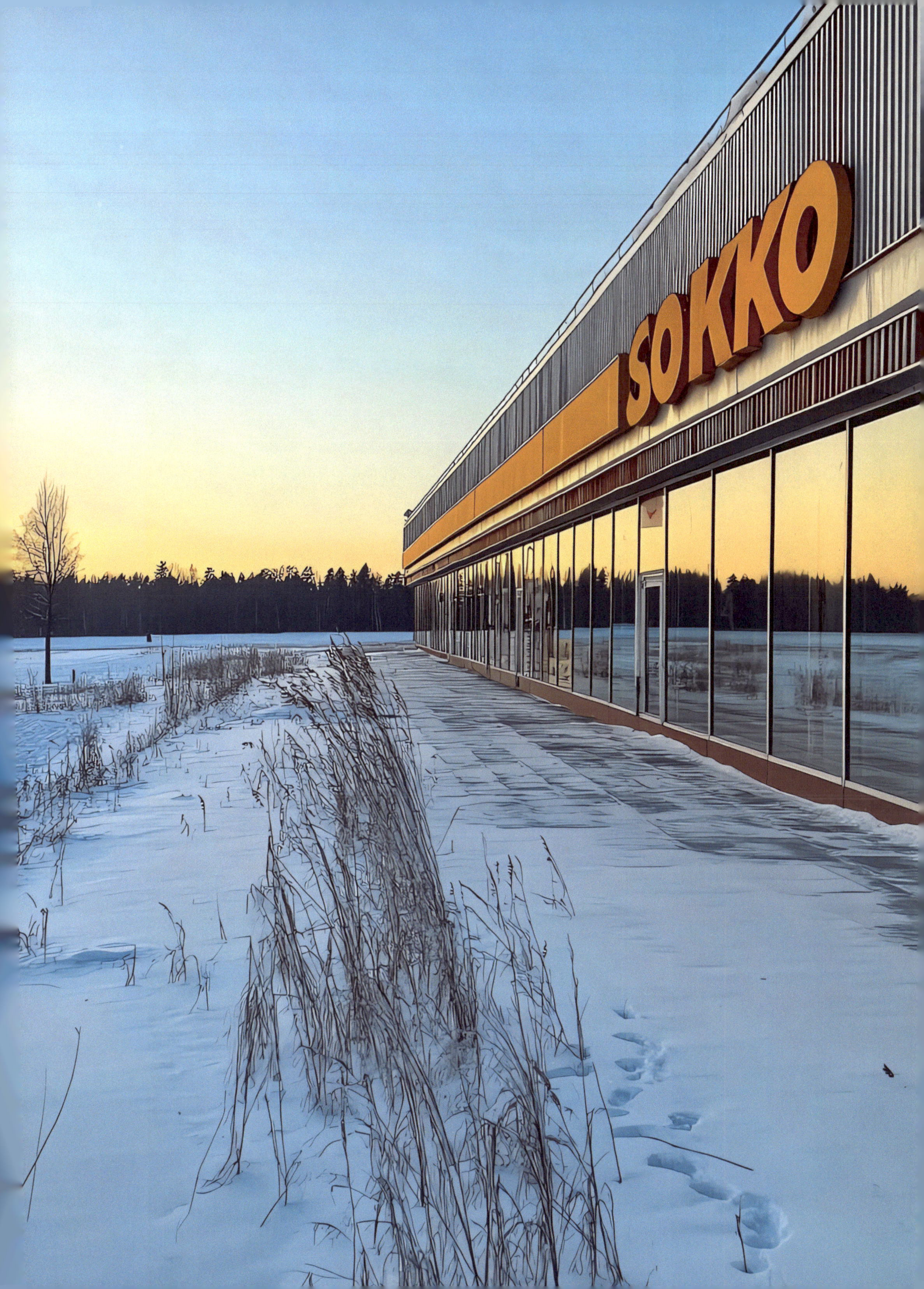
SOKKO

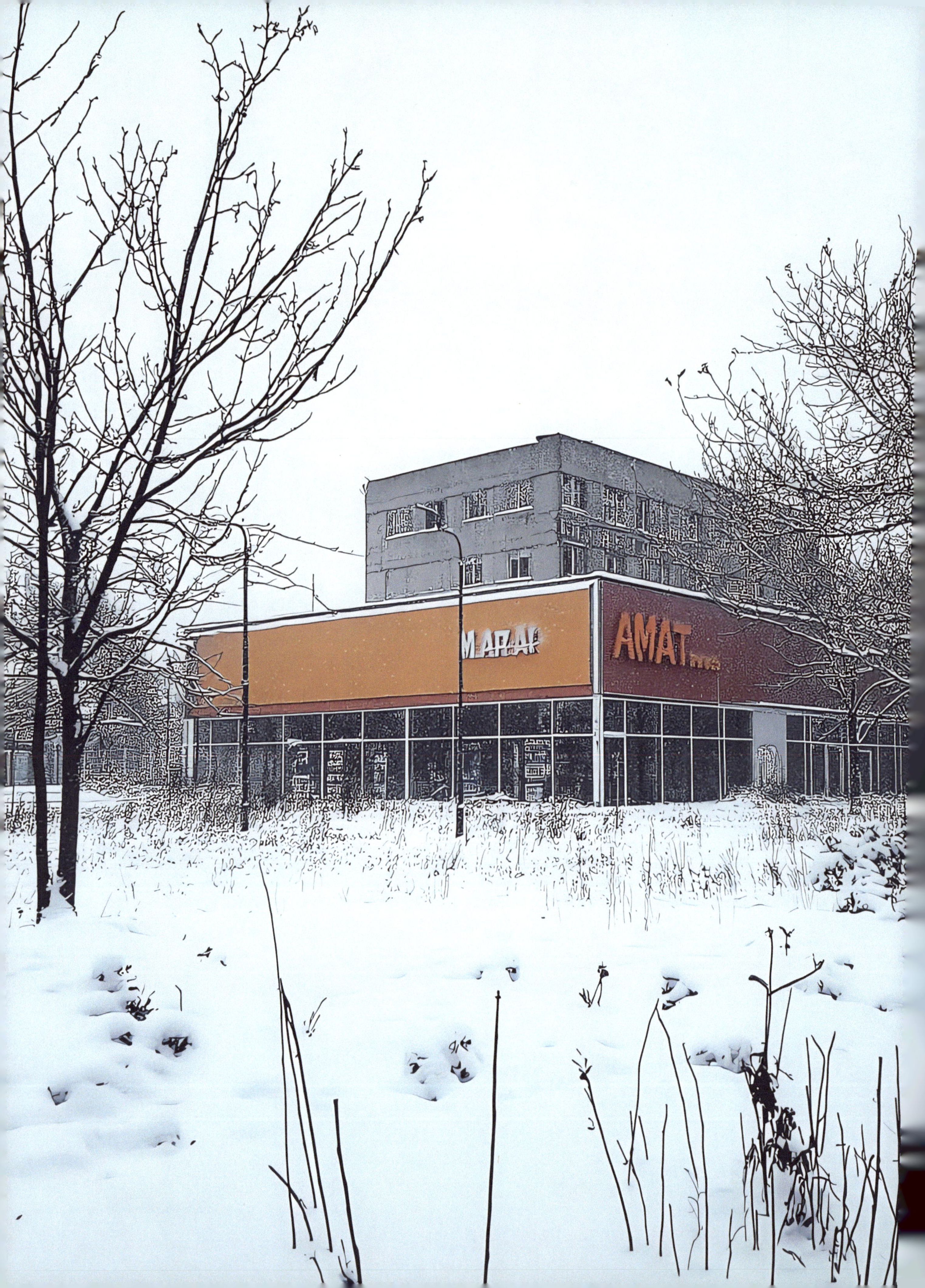

МАРАГ
AMAT

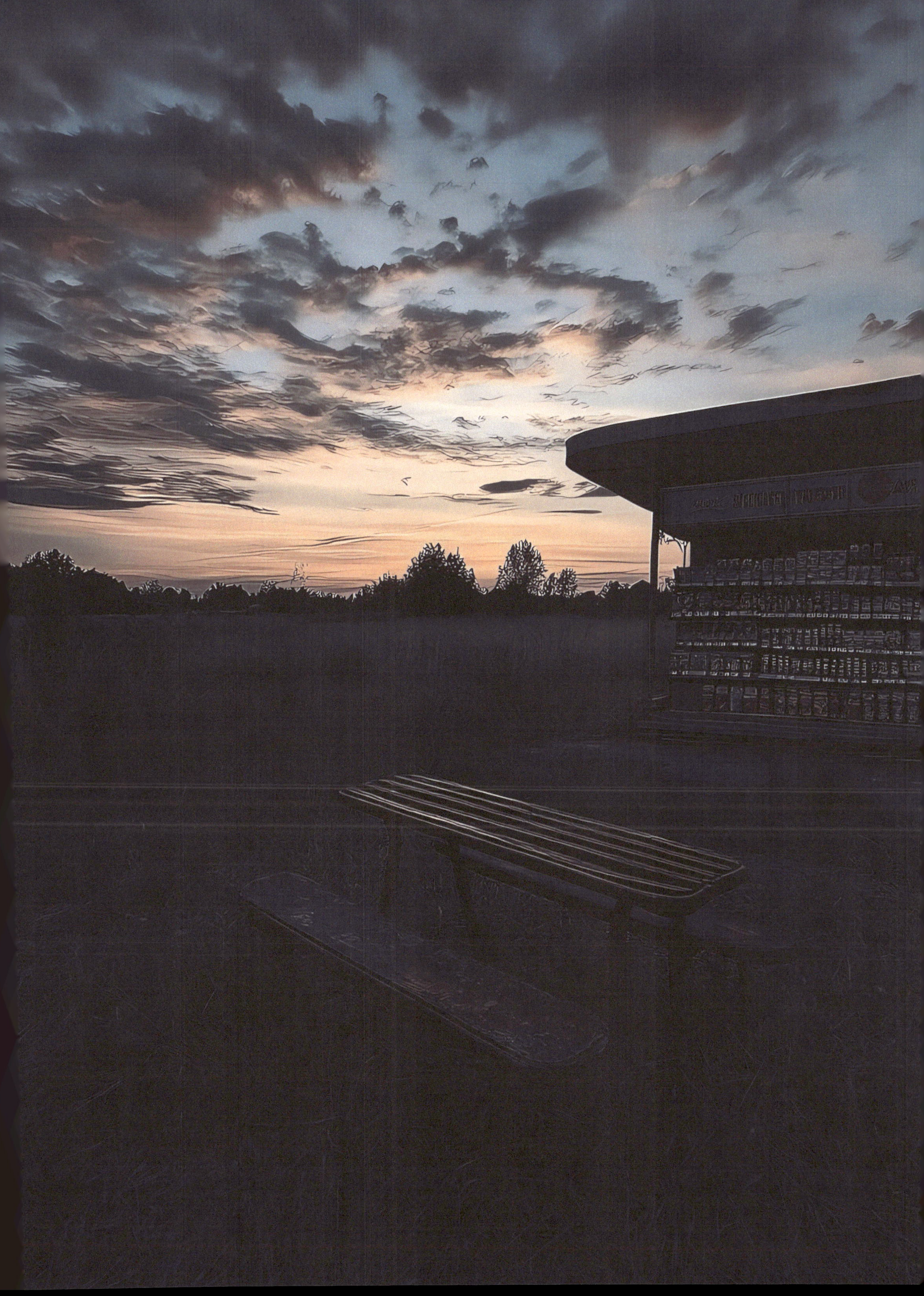

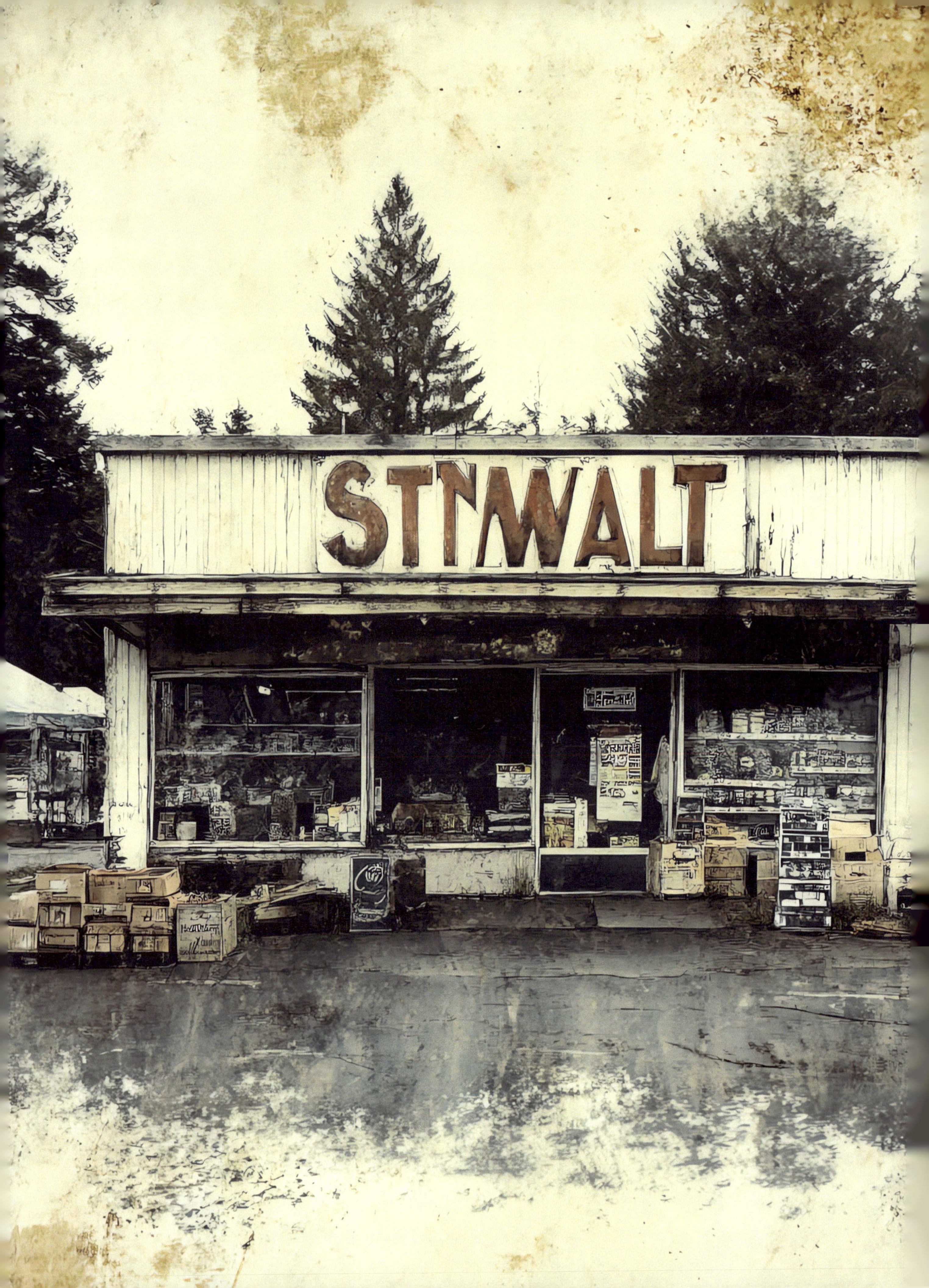
STNWALT

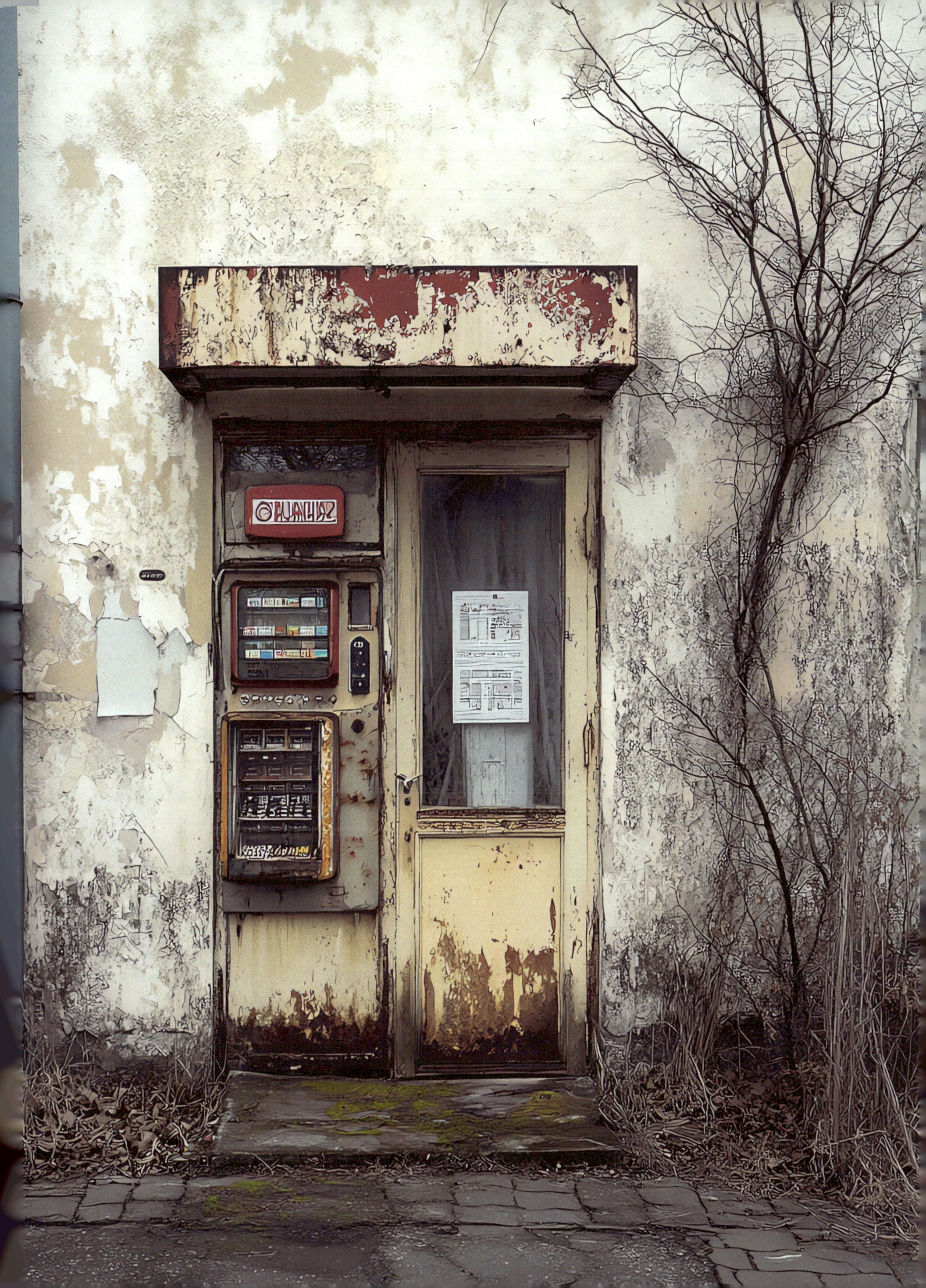

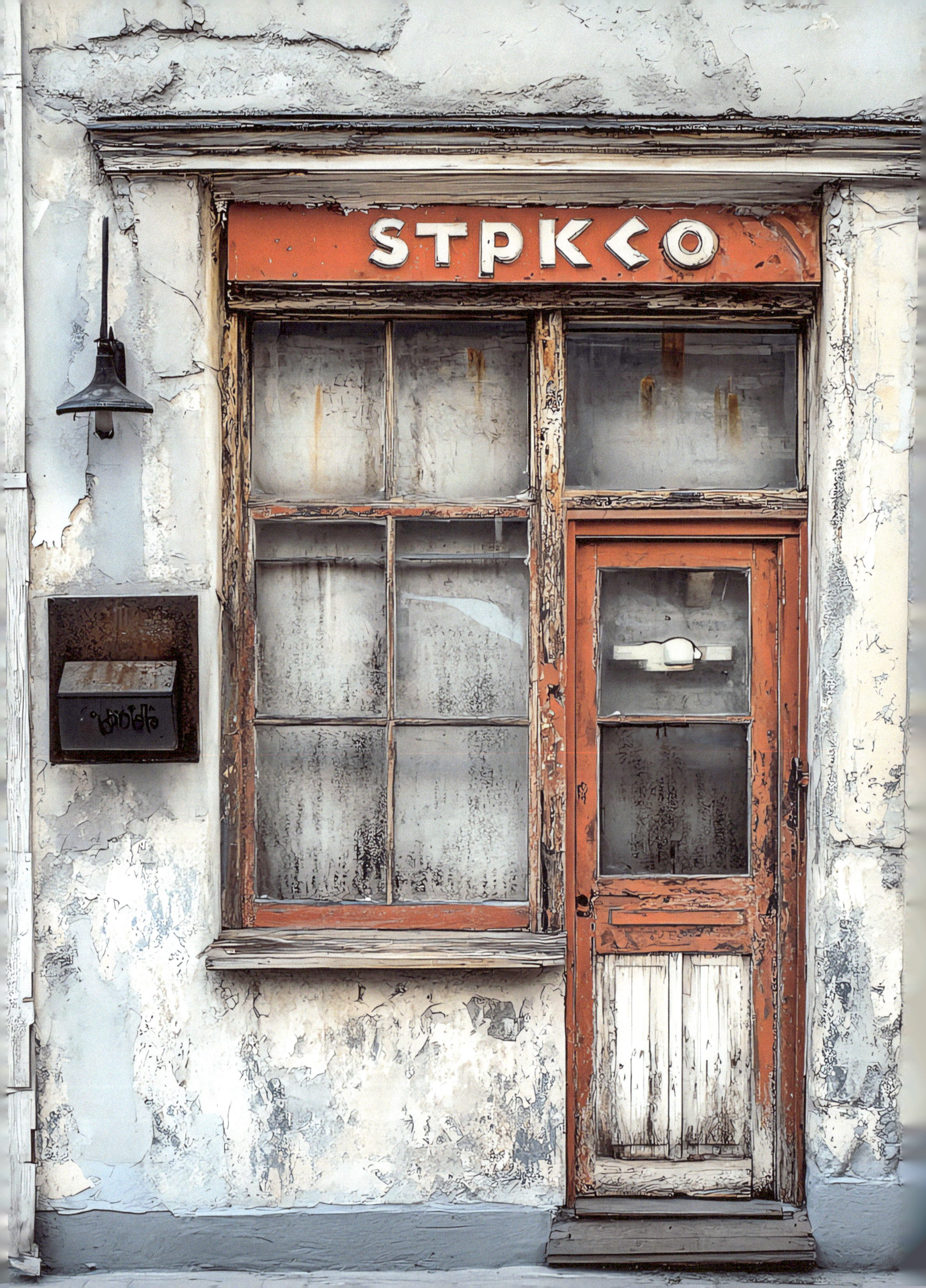
STPKCO

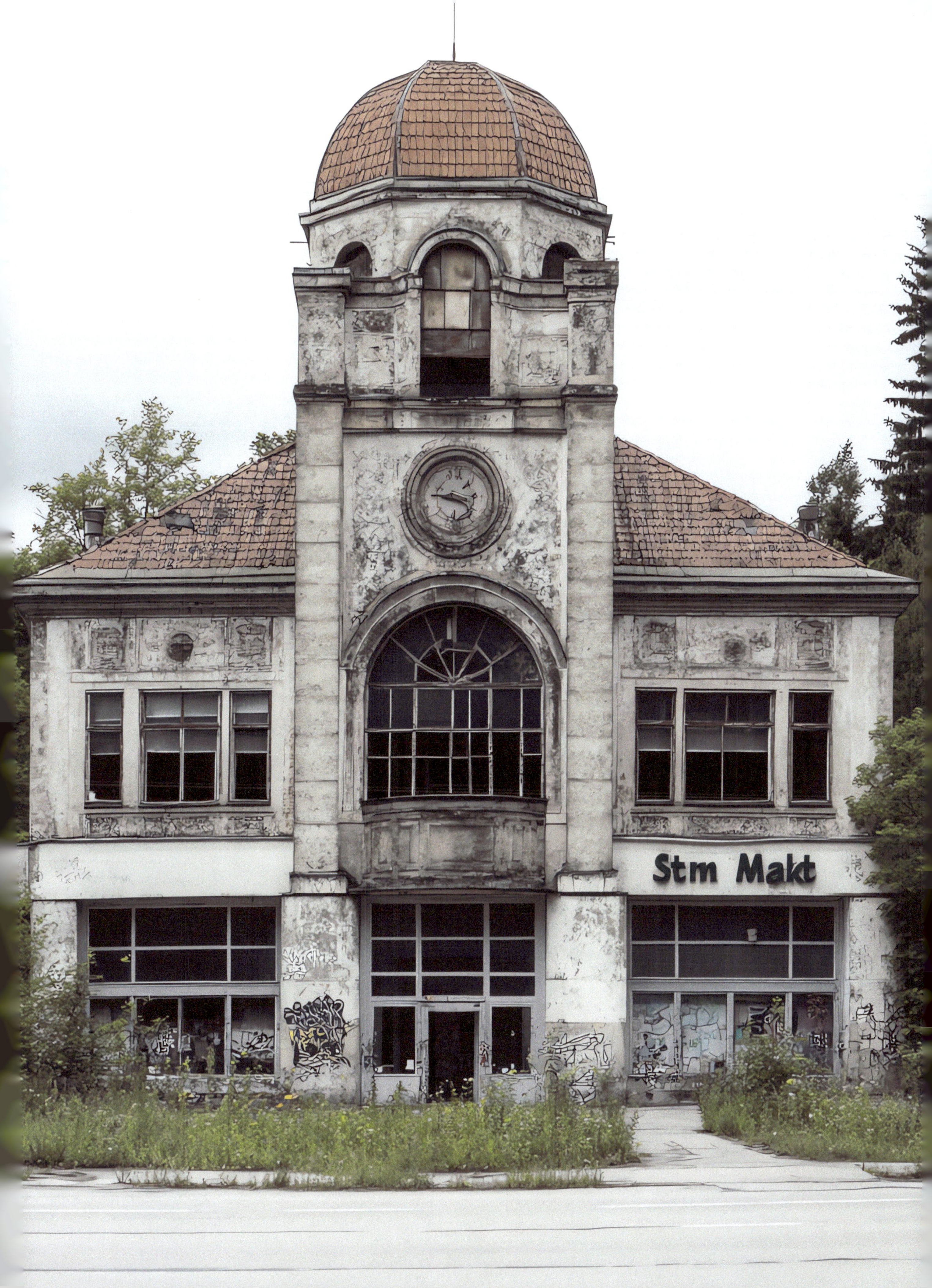

Stm Makt

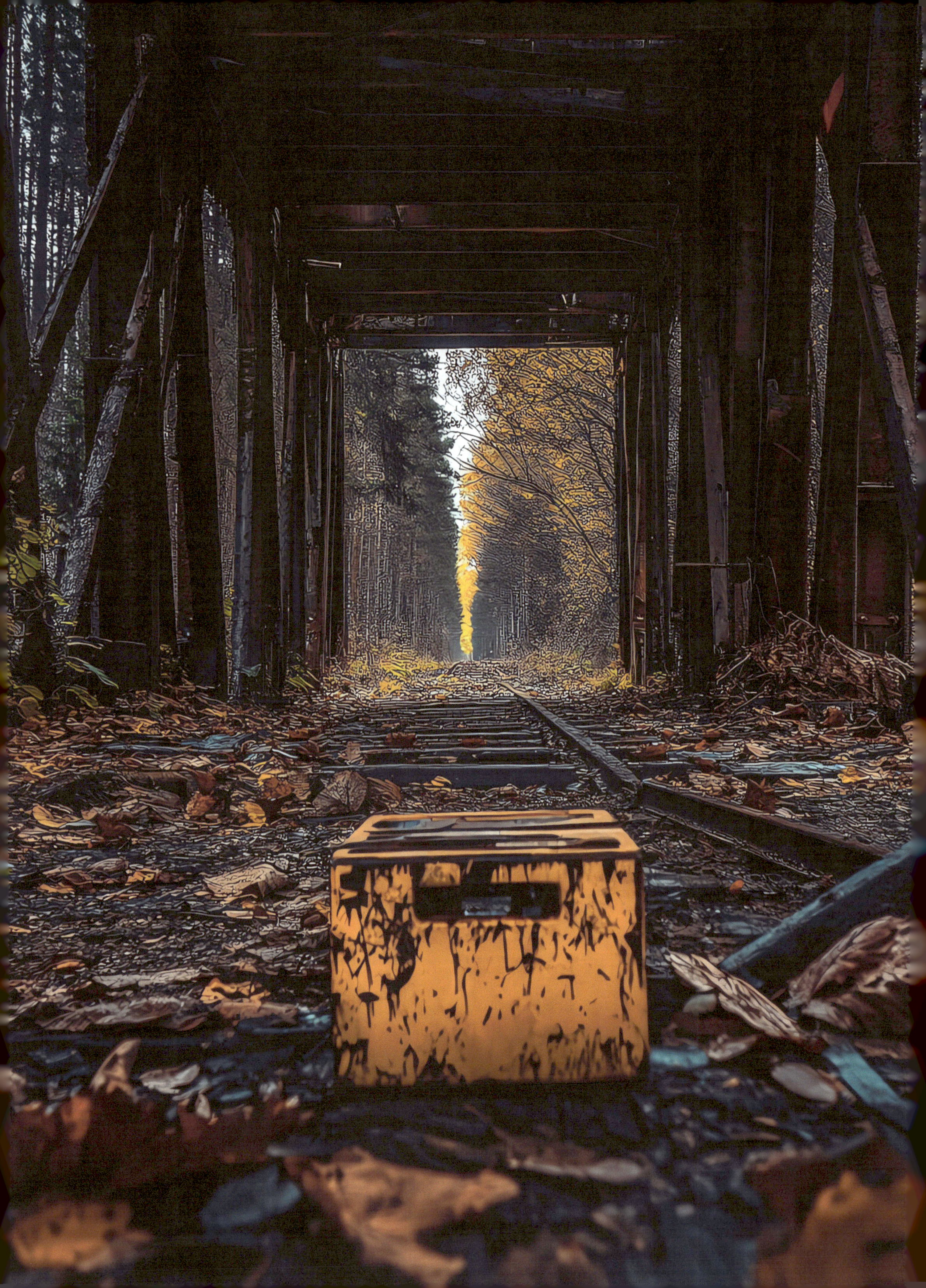

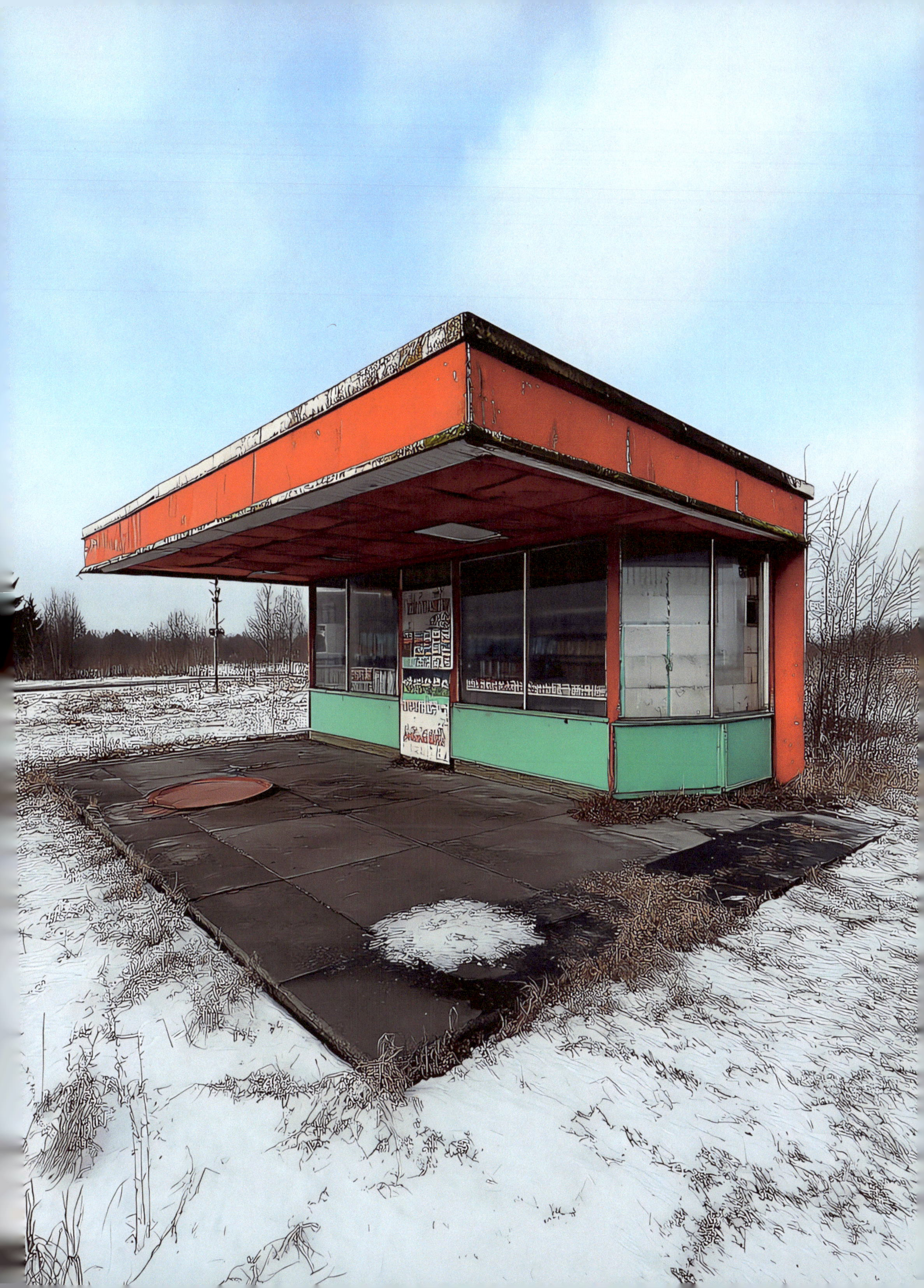

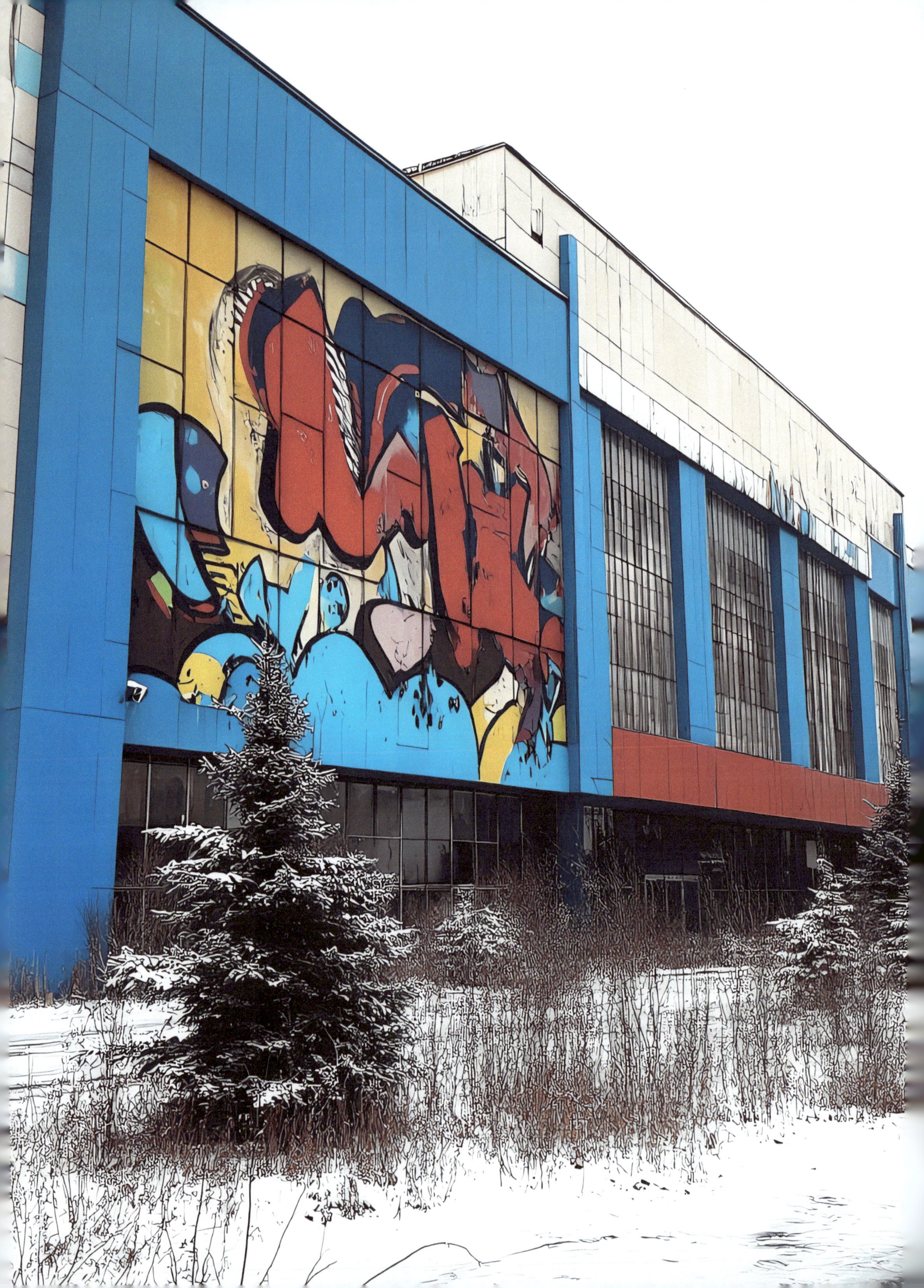

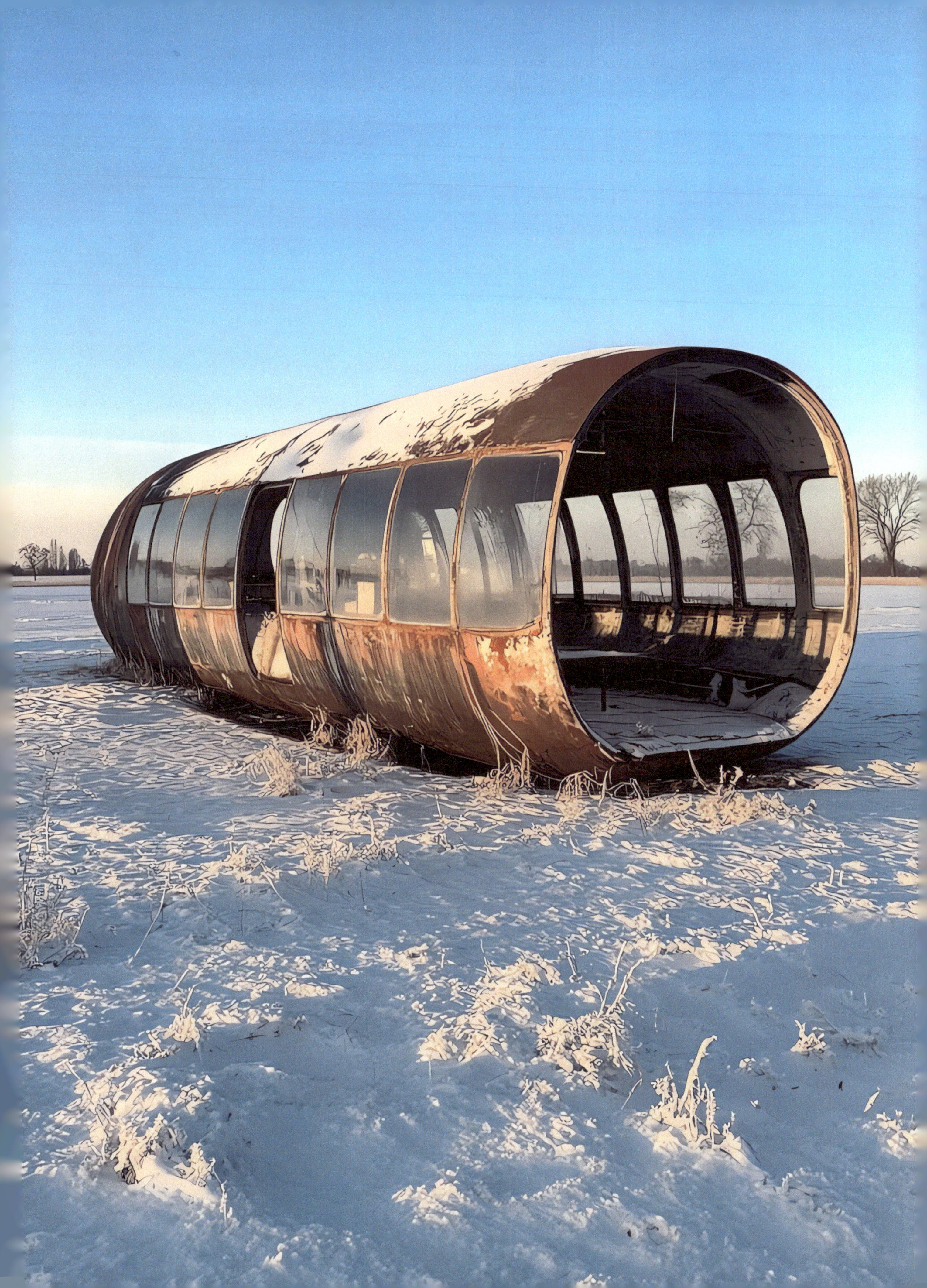

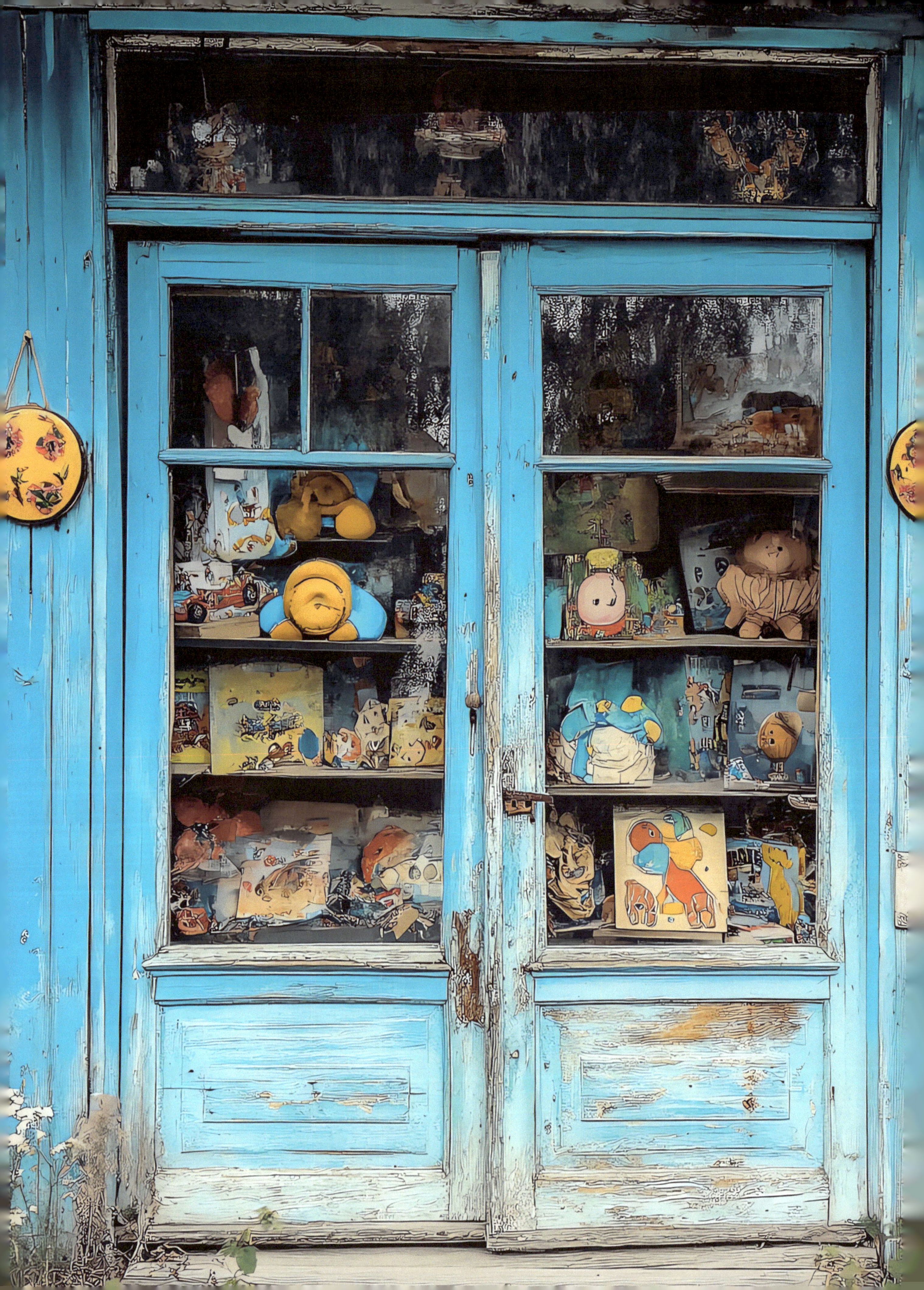

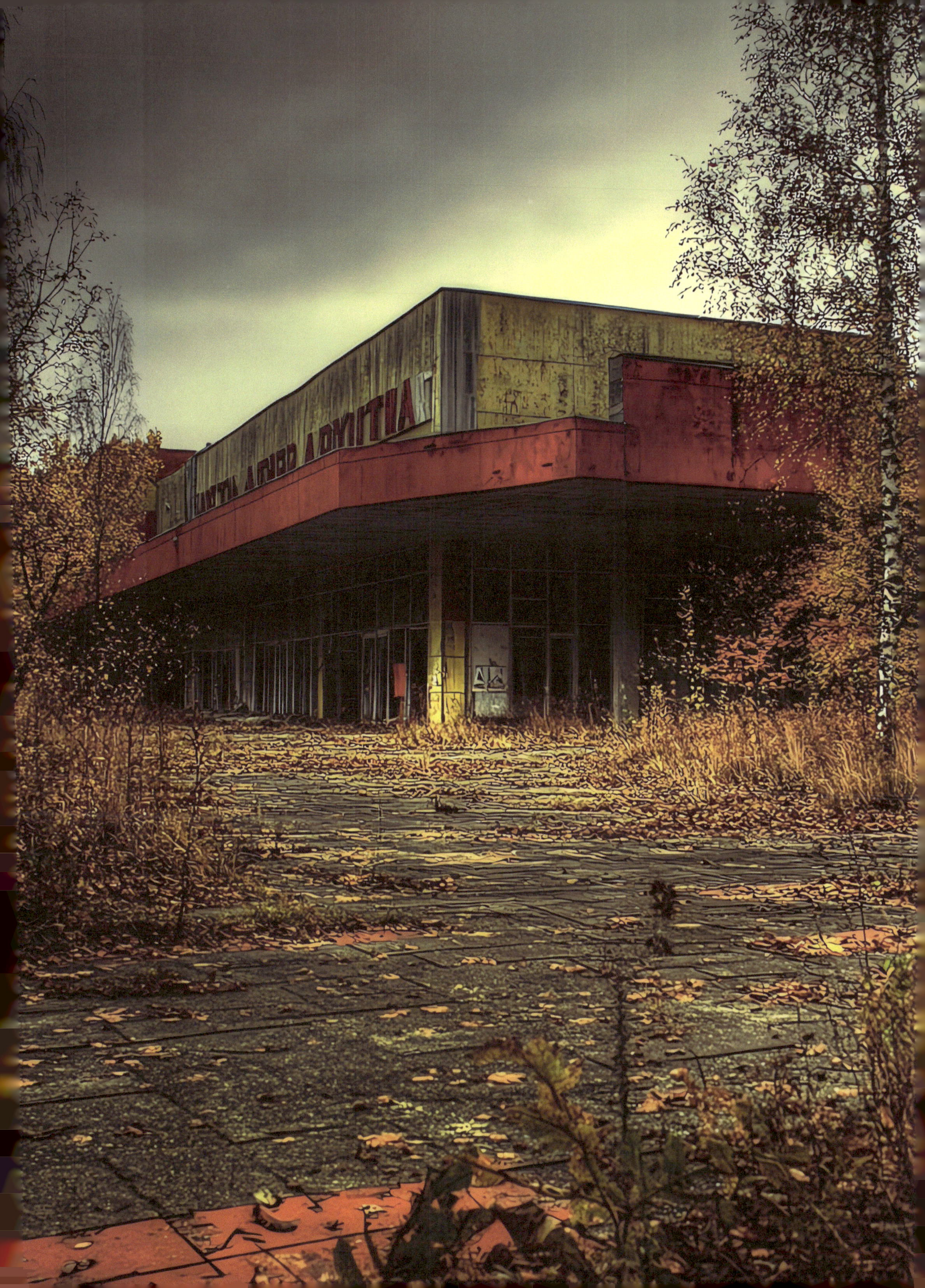

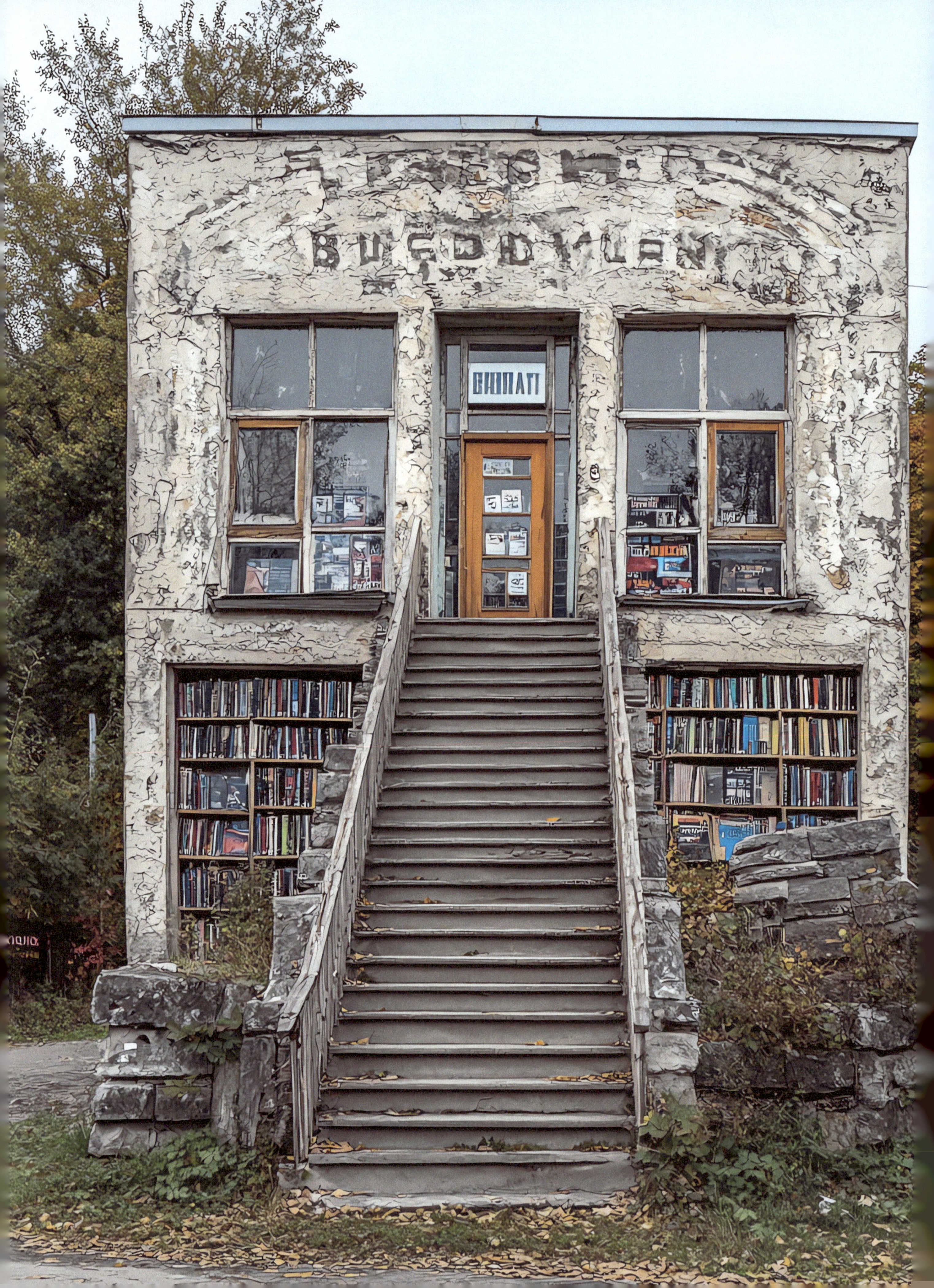

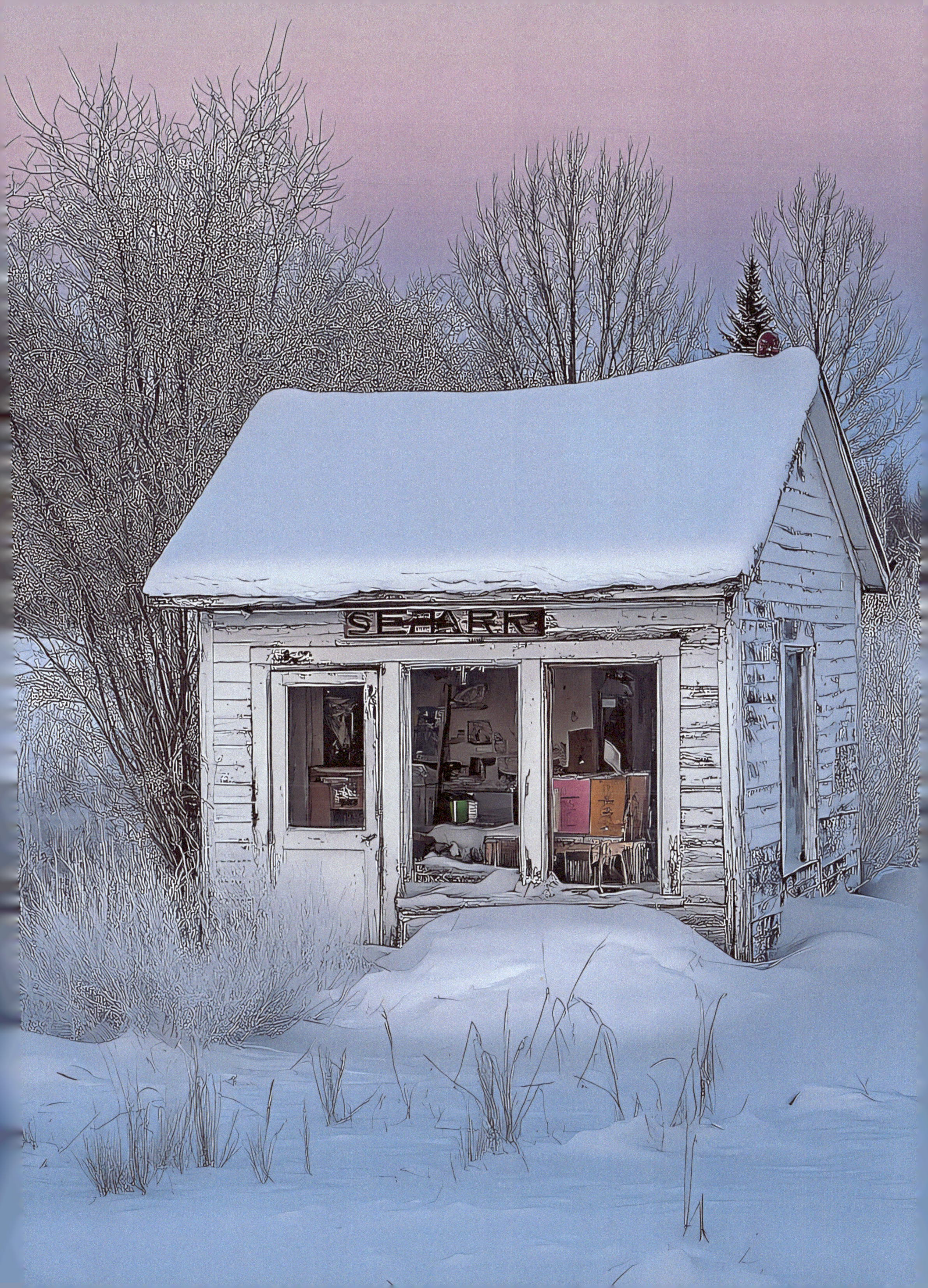
SPARR

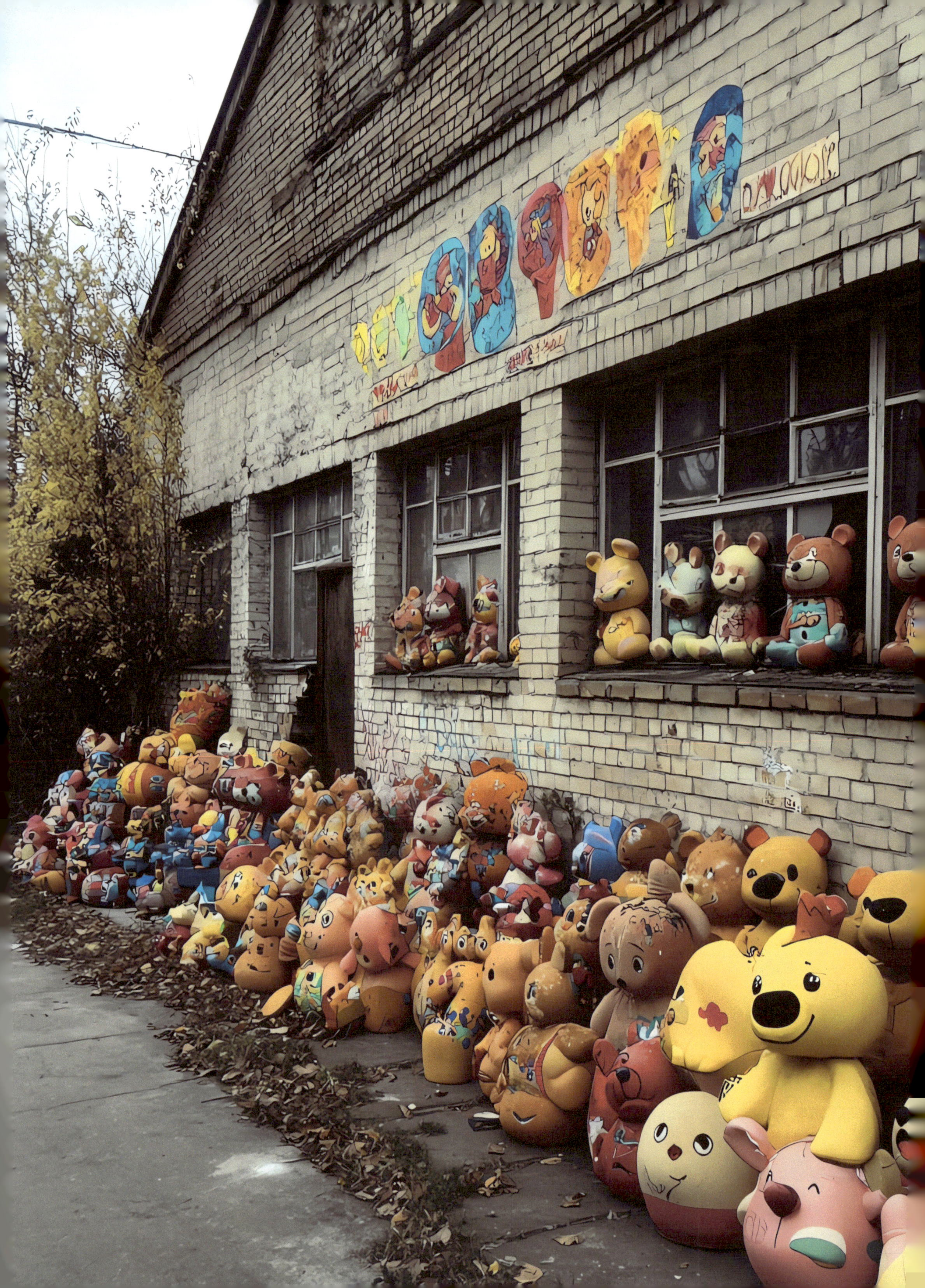

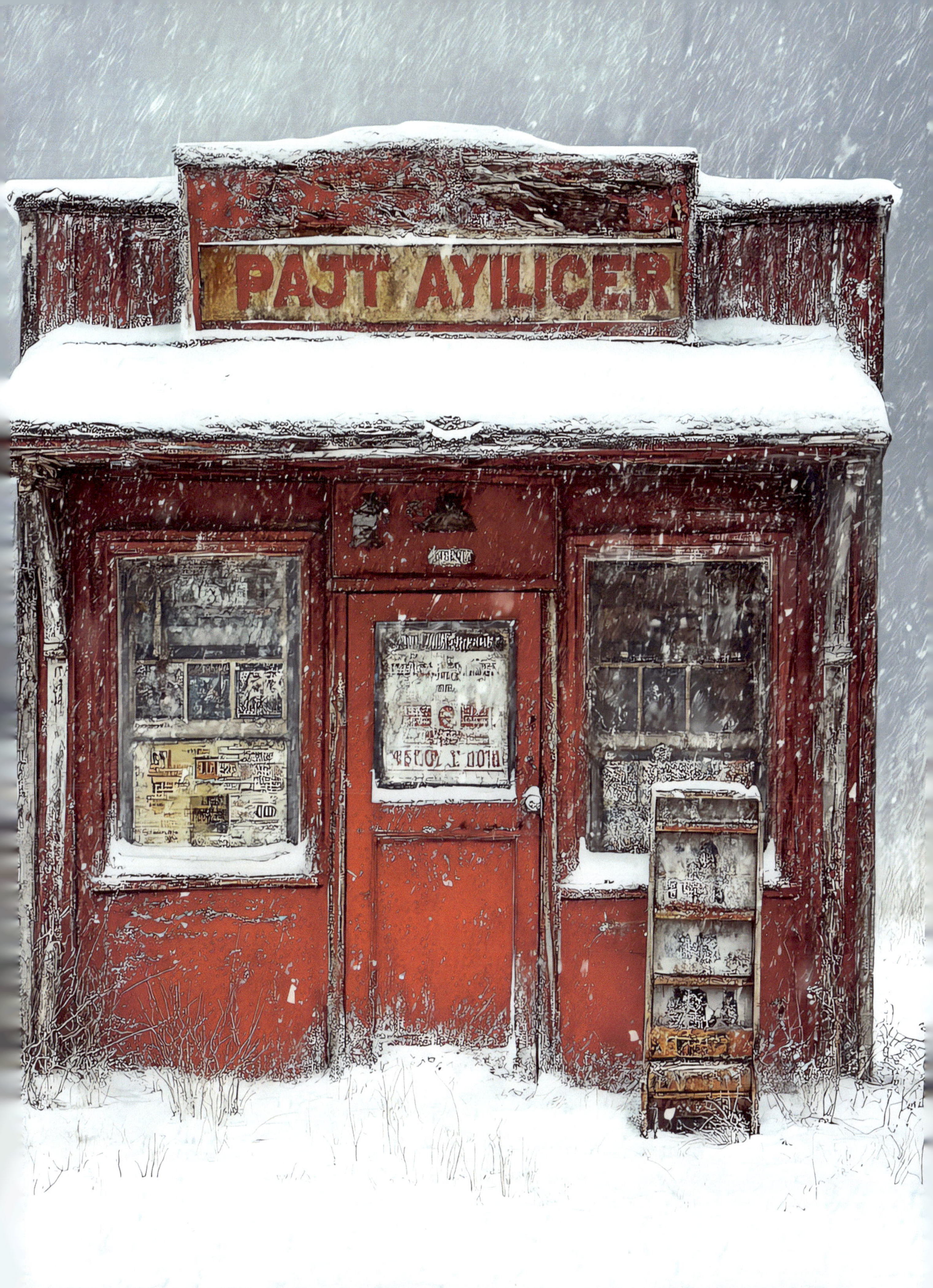

PAJT AYILICER

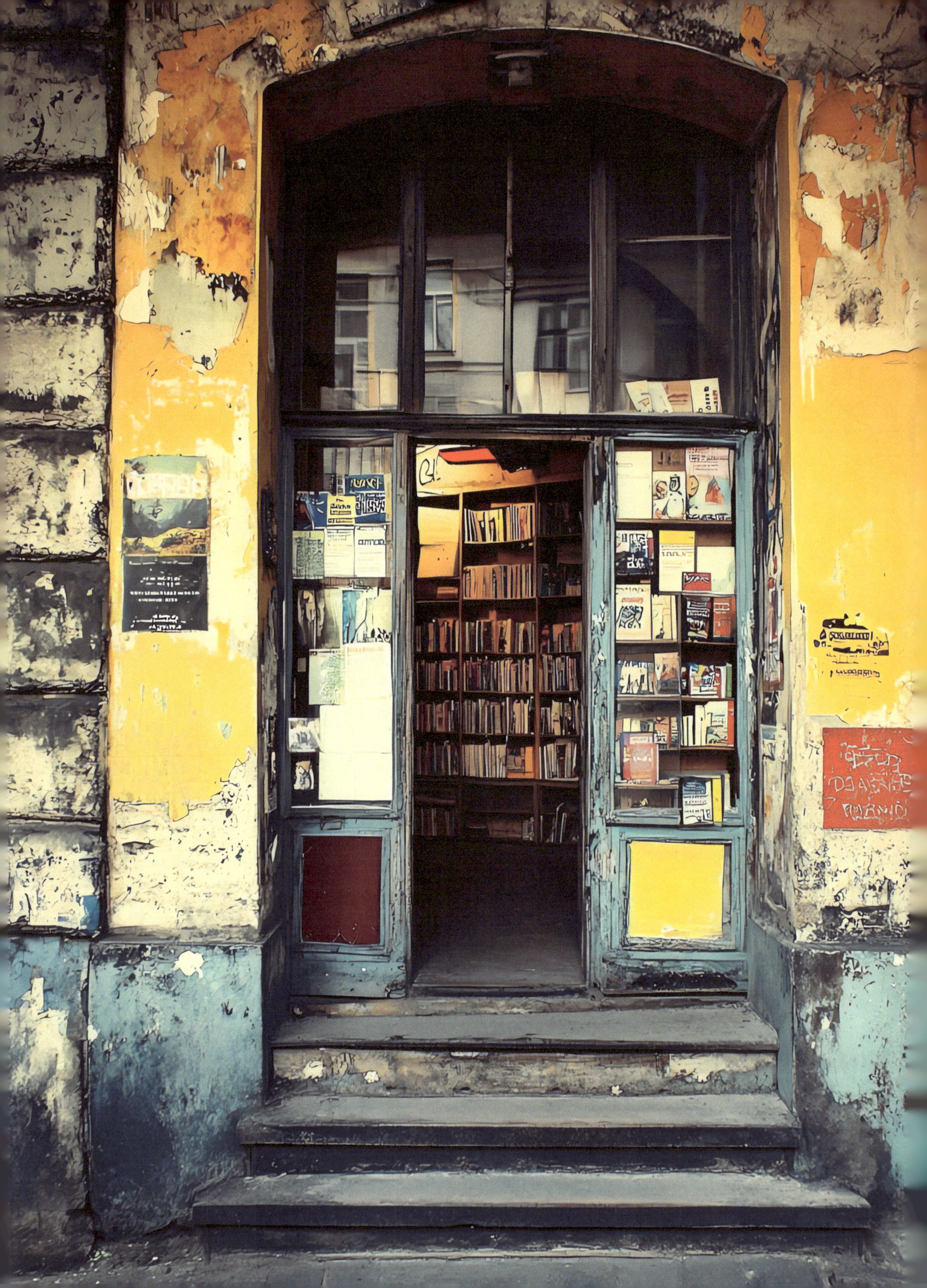

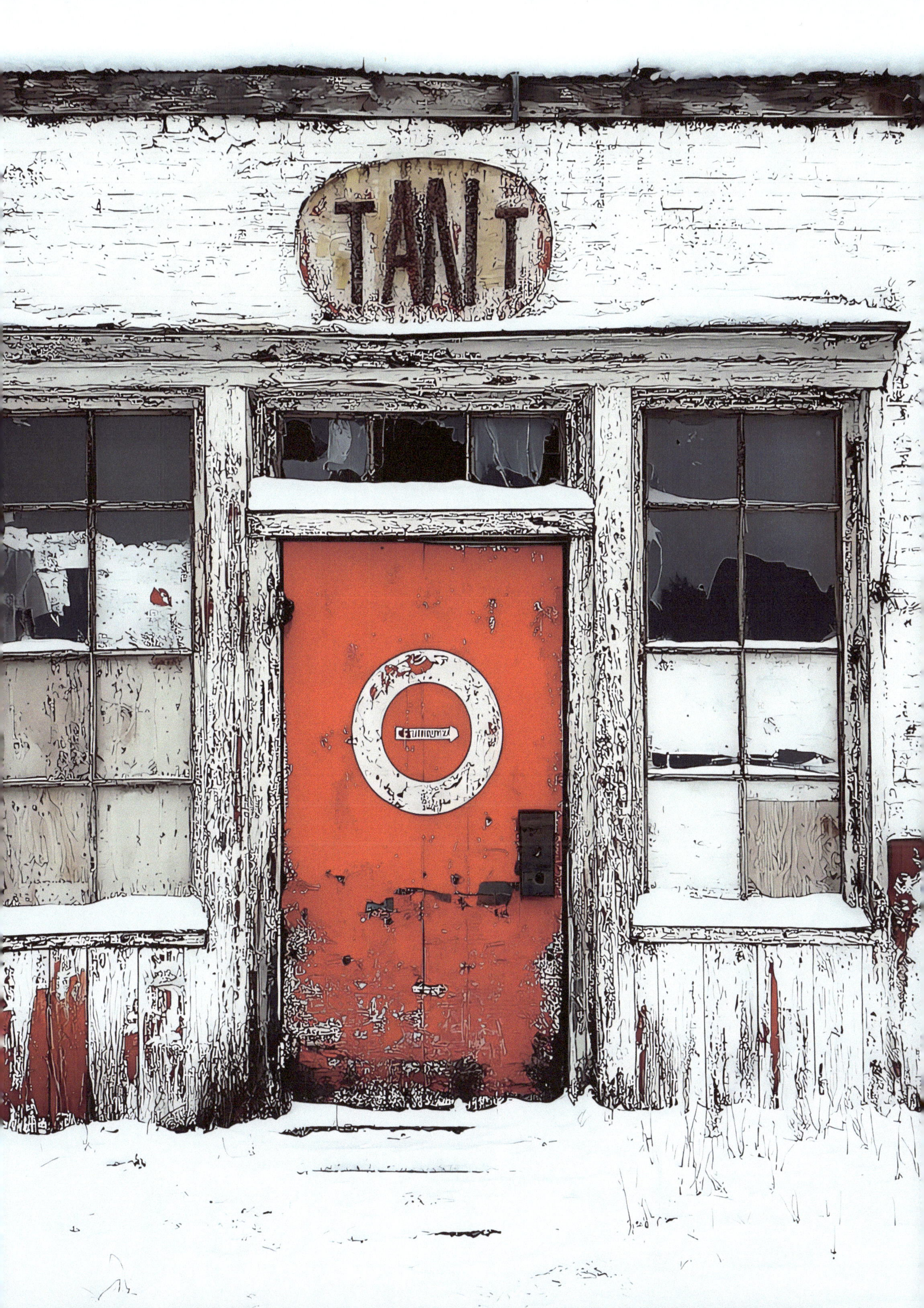
TAINT

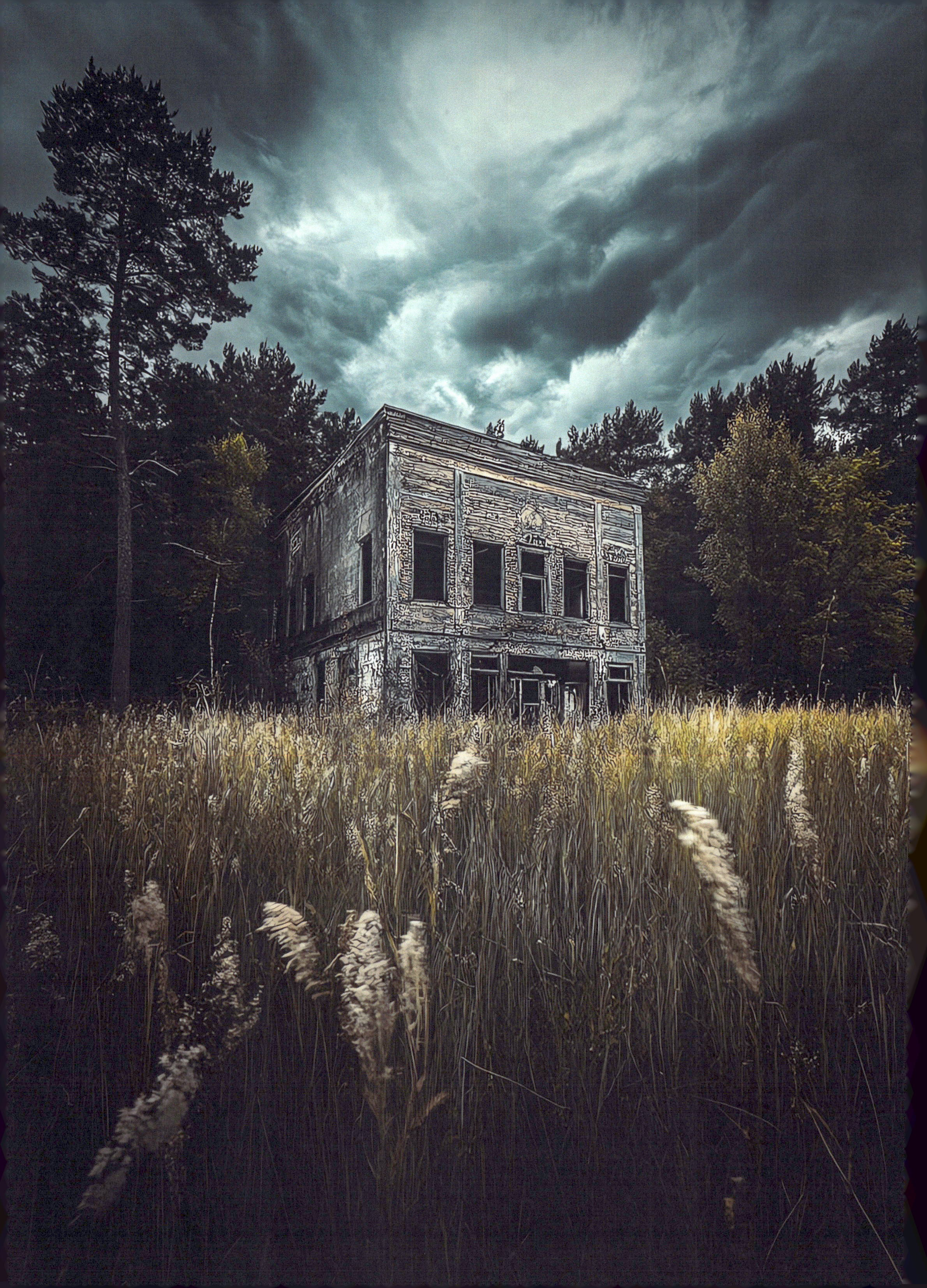

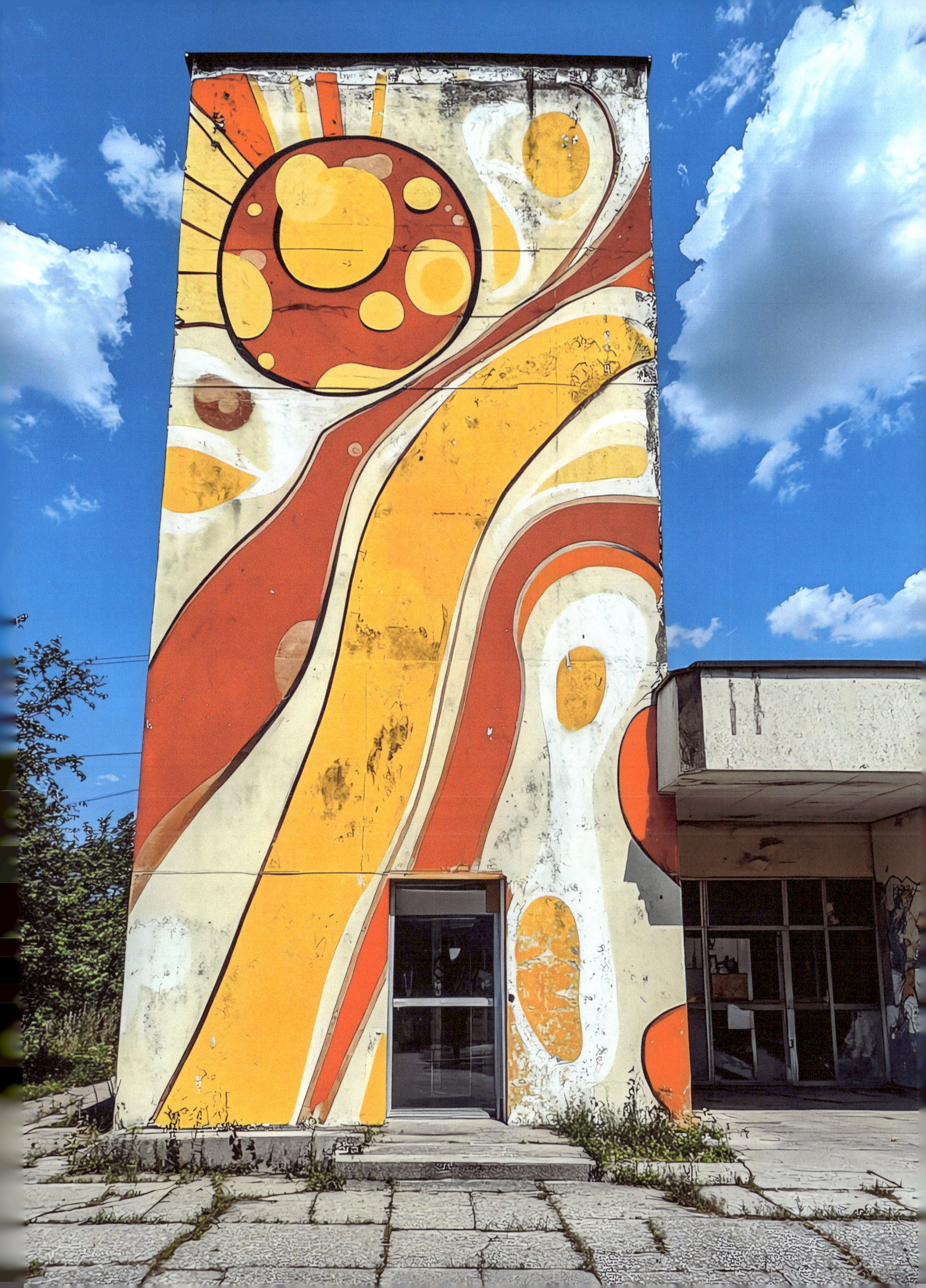

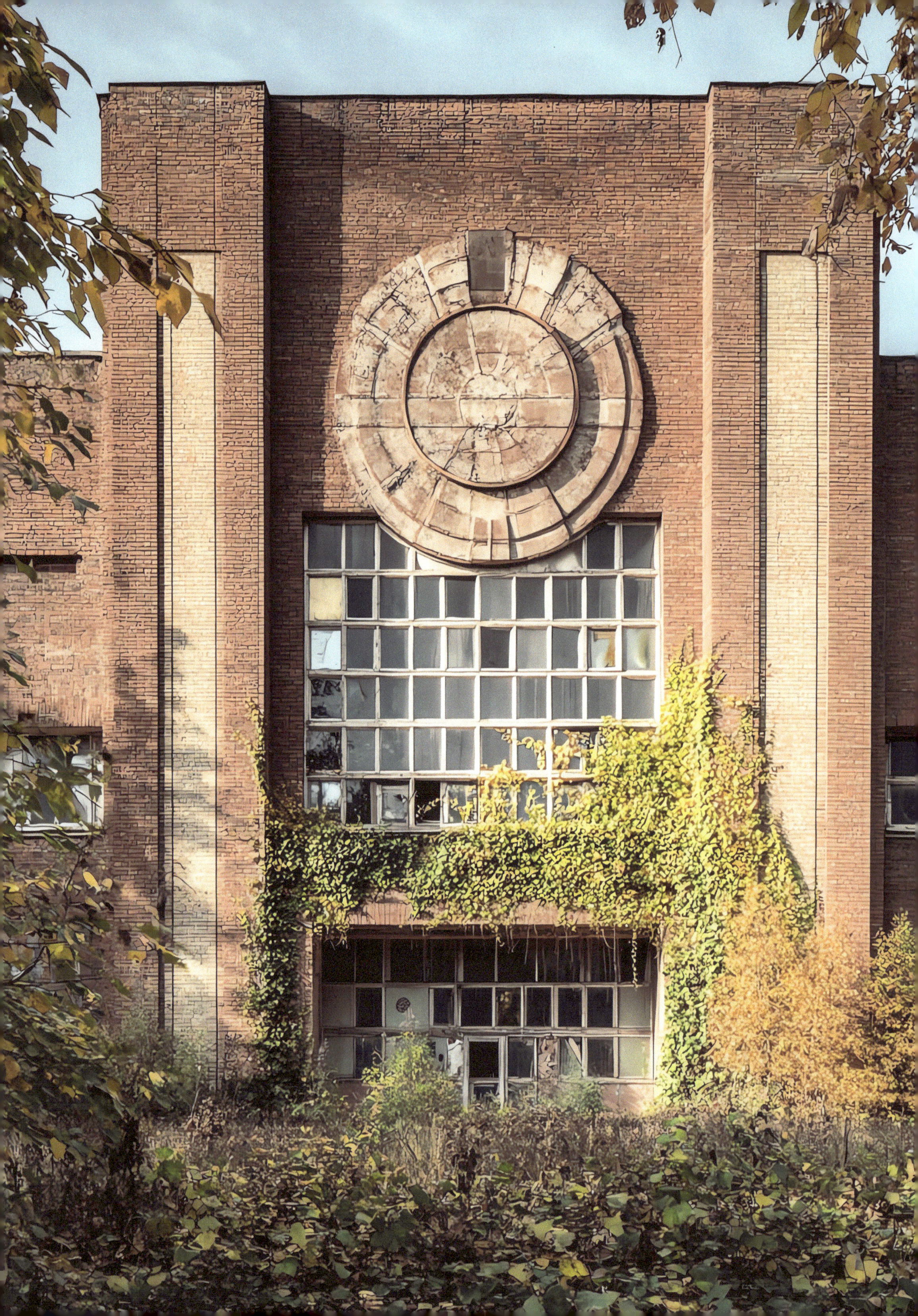

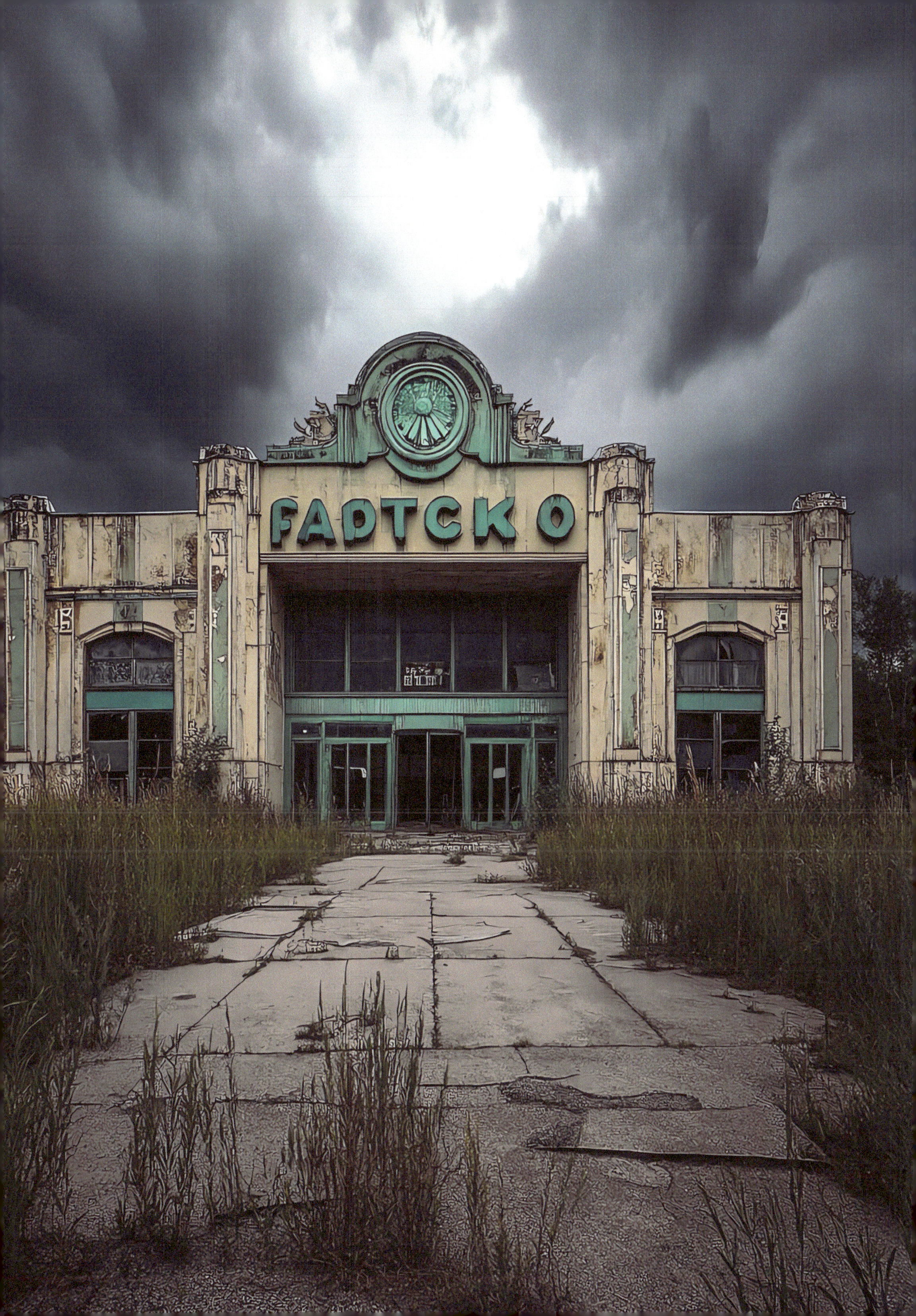
FADTCKO

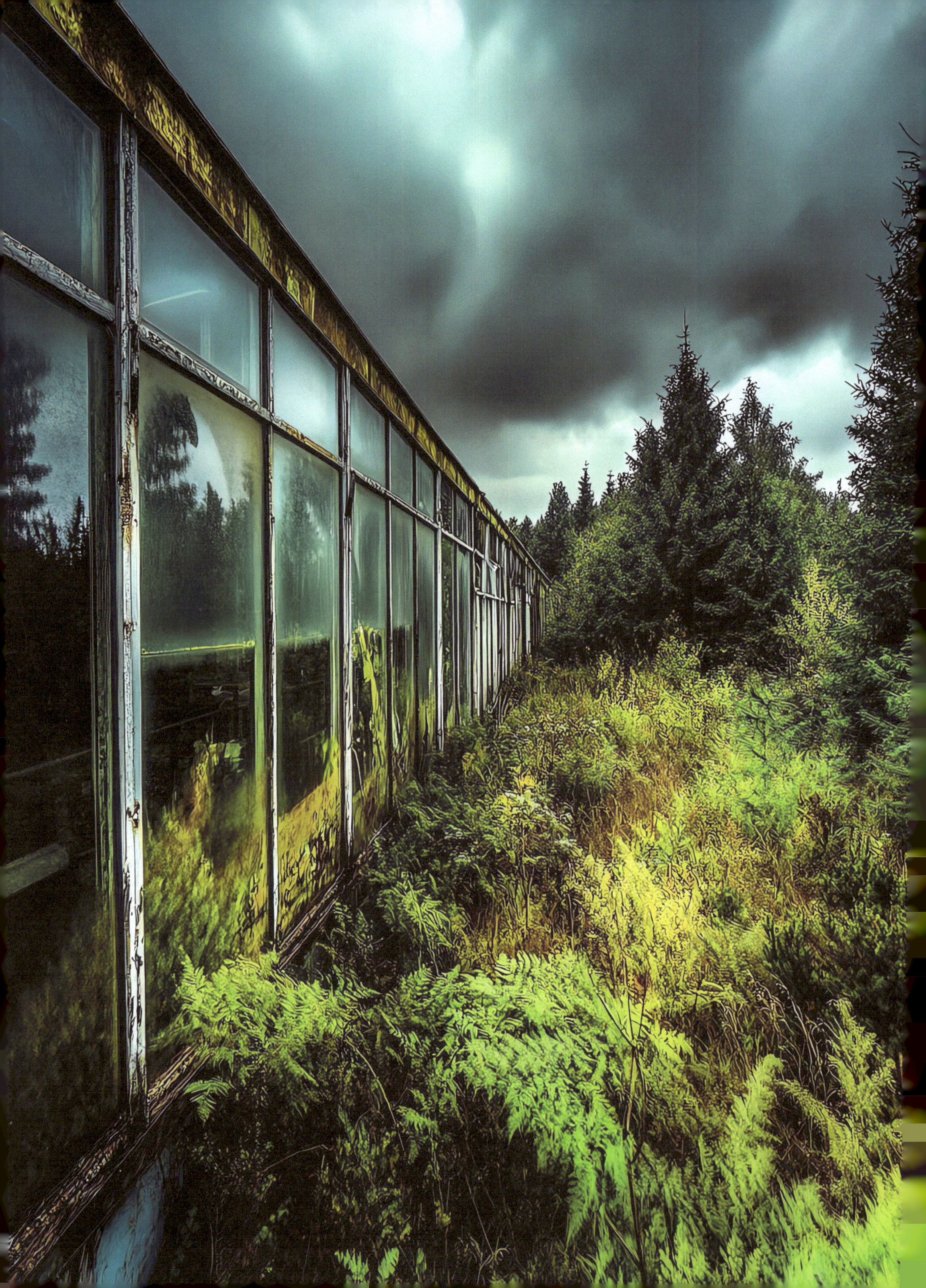